CONTES ARABES

J'ai voulu t'offrir
ce livre pour que
tu me lises les
histoires de ta
civilisation.
Gros bisous de
ton gros bébé.

CONTES

Arabes

RACONTÉS PAR
JIŘÍ TOMEK
ILLUSTRÉS PAR
MÁRIA ŽELIBSKÁ

GRÜND
PARIS

Traduction de Yvette Joye
Arrangement graphique par Bohuslav Blažej

ISBN 2-7000-0271-7
Cinquième tirage 1985
Imprimé en Tchécoslovaquie par Polygrafia, Prague
1/01/31/53-05

Loi n° 49-956 du 16 juillet 1949
sur les publications
destinées à la jeunesse

TABLE

Il était une fois — il y a bien longtemps — un petit groupe d'hommes maussades, assis près de la porte d'Orient, au Caire.

A moins que ce ne fût à l'entrée de la ville de Damas, au pied de la porte d'Occident?

Et pourquoi pas à Bagdad? Près de cette porte détruite depuis plus de sept siècles?

Ce n'est pas là l'important. L'important, c'est que ces hommes étaient maussades. Il y avait parmi eux un cordonnier, un tailleur, un pêcheur du Nil et un invalide de guerre, de la guerre contre les Croisés, ou contre les Turcs, ou contre les troupes napoléoniennes. Un paysan avec son âne, deux portefaix et deux bergers se trouvaient également là avec les autres, et sans doute y avait-il aussi un chauffeur de poids lourds. Il est possible que l'on puisse ajouter un scribe de la cour du sultan Saladin. Il y avait sûrement encore un mendiant, un balayeur de rue et un chamelier. Bref, toute une société. Ces gens s'appelaient Ali, Hassan, Cassim, Ahmed ou portaient d'autres prénoms arabes courants.

Ils étaient assis l'un sur un banc, l'autre sur l'herbe desséchée, un autre au pied d'un arbre, quelques-uns à même la terre dénudée, et tous tournaient leur regard vers l'entrée d'une petite boutique, derrière laquelle s'élevait une cuisine enfumée, exhalant l'odeur de bois brûlé et de vapeur montant d'un grand chaudron suspendu au-dessus du feu.

Ces hommes n'étaient pas seulement maussades, mais de très méchante humeur. A cause de la chaleur? Mais le soleil avait déjà dépassé son point le plus haut, et commençait à descendre, même s'il chauffait encore beaucoup. Mais ce n'était pas à cause de la chaleur. C'était parce qu'ils avaient faim. Tous, le cordonnier comme le tailleur, le scribe comme le paysan, tous ces hommes avaient terriblement faim. Non qu'ils n'eussent pas de quoi s'acheter quelque chose à manger. Chacun d'entre eux, ou presque, avait dans sa poche des espèces sonnantes et trébuchantes, quelque piastre, ou dirham, ou tout au moins une piécette de cuivre : bien assez pour un quignon de pain, une portion de haricots, voire un morceau de mouton grillé. Seulement, ce n'était pas possible, car c'était la période du ramadan.

Qu'est-ce que le ramadan?

Le ramadan, c'est le nom d'un mois de l'année arabe qui a été introduit par le prophète Mahomet. C'est un mois très particulier : au cours du ramadan, dans tous les pays arabes, on jeûne. On jeûne complètement du lever au coucher du soleil. Mais pas pendant la nuit. A partir de l'aube, dès que l'on peut distinguer un fil blanc d'un fil noir, il est interdit de manger ou de boire quoi que ce soit, et cela, jusqu'au moment où le soleil se couche. C'est très long! Alors les gens sont impatients de voir arriver le moment où enfin le soleil disparaît à l'horizon, ce moment où il leur est permis de passer à table pour apaiser leur faim et leur soif. Et il en va ainsi tous les jours du mois. Trente jours entiers. Le prophète Mahomet, envoyé d'Allah, fondateur de la religion islamique, a établi et ordonné ce mois de jeûne sacré.

Ils étaient donc là, assis, en ce cinquième jour du ramadan — cinq jours déjà qu'ils se reposaient de cette façon-là après le travail. Certes Allah, le dieu de tous les Musulmans, les regarde d'un œil satisfait, et les bénit d'observer ainsi la consigne sainte ; et ceci les réconforte un peu.

Ce jour-là, deux jongleurs ambulants sont venus se joindre à ces hommes. Un vieux et un jeune.

Le père et le fils. Ils ont proposé de les distraire. Mais ils avaient oublié les estomacs vides et la soif ardente. Le plus jeune se mit à exécuter quelques cabrioles, à marcher sur les mains, à introduire dans sa bouche un bâton enflammé.

Le tailleur lui lança un sou de cuivre, mais le cordonnier lui dit :

— Laisse donc! Tes tours me donnent le vertige, et ce n'est pas le moment d'avaler du feu. Cela nous donne envie de manger.

Chacun pensait au plaisir qu'il aurait à avaler un bon rôti d'agneau, ou tout au moins une portion de haricots à l'huile.

Mais les bateleurs considéraient qu'une piécette de cuivre n'était pas suffisante : de l'autre côté de la porte de la ville, leur famille les attendait sous la tente. Un sou ne suffisait pas à nourrir une famille nombreuse! Le plus vieux sortit donc sa flûte et se mit à jouer un air guilleret. Le scribe lui lança une piécette, mais le pêcheur déclara :

— Laisse donc! Nous ne sommes pas d'humeur à écouter des airs guillerets.

— Et qu'est-ce que vous aimeriez voir ou entendre? lui demanda alors le saltimbanque.

— Rien, fut la réponse laconique et sombre du scribe.

Alors, les deux acrobates s'allongèrent dans l'ombre, et bientôt s'endormirent paisiblement. La faim ne les tourmentait pas, car de tous temps les gens de ce métier sont habitués à jeûner souvent.

Les autres hommes restaient là assis, en silence, l'air renfrogné. Le soleil baissait très lentement, à l'horizon, comme s'il n'avait pas envie d'aller se coucher. Les hommes sentaient leur gorge de plus en plus sèche, et leur estomac réclamait d'une façon qui devenait insupportable.

— Allons faire un tour, proposa alors le cordonnier. Le temps passera plus vite.

Mais personne ne broncha. Où donc aller, par cette chaleur? En marchant, nous allons encore aiguiser notre faim et notre soif, se disaient-ils, en poussant de profonds soupirs.

— Et si nous racontions des histoires? proposa alors le mendiant.

Voilà une idée qui leur plaisait! Écouter une histoire n'a rien de fatigant et le temps passe beaucoup plus vite.

— Oui, mais quoi? demanda le balayeur de rue.

Sur ce point, il était beaucoup plus difficile de s'entendre. Le chamelier voulait raconter une histoire de chameaux, mais les bergers ne voulaient pas entendre parler de chameaux, disant que les histoires sur les moutons, sont bien plus intéressantes. Toutefois ces moutons n'intéressaient pas le moins du monde le tailleur, qui proposa de raconter comment l'on coud une culotte. Mais le vétéran de guerre se mit à rire, en demandant qui cela pourrait passionner ; il proposa de relater ce qu'il avait vécu sur les champs de bataille. Ils finirent presque par se quereller!

Le mendiant eut une idée :

— Réveillons les deux comédiens. Ces gens-là savent tout faire avec talent. Qu'ils nous racontent donc une histoire. Sans doute en connaissent-ils une bonne!

Ils réveillèrent donc les deux hommes et leur expliquèrent ce qu'ils attendaient d'eux.

— J'en connaîtrais bien une, déclara le plus âgé.

— Que raconte-t-elle? demandèrent-ils tous en chœur.

— C'est un conte, dit le saltimbanque, un conte qui parle de deux frères vizirs. Il est tiré des Mille et Une Nuits : la sage Shéhérazade le raconta au cruel Sultan, qui faisait périr chaque jour une jeune fille.

— D'accord; déclarèrent tous ensemble les hommes réconfortés. C'est toujours volontiers que l'on raconte et que l'on écoute des contes et légendes. Raconte vite!

Pendant ce temps, le soleil descendait de plus en plus vers l'horizon ; de la cuisine, montait de plus en plus un parfum alléchant, tandis que le comédien ambulant commençait à raconter la première histoire.

LES DEUX VIZIRS

Il était une fois un sultan qui régnait sur la ville du Caire, en Égypte. Comme tous les sultans, il avait un vizir, un véritable bras droit qui l'aidait à régner. Mais ce vizir était déjà vieux et il mourut bientôt, laissant deux fils. L'aîné s'appelait Chamsaddin, le cadet Nouraddin. Le sultan convoqua alors les deux fils, deux jeunes gens très beaux, et les nomma tous deux ses vizirs.

Un soir, allongés sous un figuier dans les jardins du palais et buvant des citronnades, Chamsaddin et Nouraddin imaginaient la vie heureuse qui les attendait, s'ils se conduisaient toujours en frères fidèles exerçant ensemble et consciencieusement leurs fonctions de vizirs. Tout en bavardant, il leur vint à l'idée qu'ils ne devraient pas tarder à se marier. Et ils s'entendirent pour découvrir chacun une fiancée en même temps et se marier le même jour. Laissant vagabonder leur imagination, ils allèrent jusqu'à prévoir qu'ils seraient pères le même jour. Chamsaddin aurait une fille, et Nouraddin un garçon. Ce serait parfait, convinrent-ils. Puis ils se dirent que le mieux serait que leurs enfants, une fois grands, s'épousassent : le fils de Nouraddin prendrait la fille de Chamsaddin pour femme. Ils étaient décidés, quand Chamsaddin s'enquit auprès de Nouraddin du montant de la dot que son futur fils paierait pour obtenir sa future fille. Telle est la tradition arabe : le marié fait un don au père de la jeune fille pour en obtenir la main.

– A mon avis, je devrais recevoir au minimum trois mille dinars, déclara alors Chamsaddin.

– A mon avis à moi, rétorqua Nouraddin, il serait plus convenable que tu fasses cadeau de ta fille à mon fils, sans exiger la moindre dot. Nous sommes frères, non?

Un mot, puis un autre, et la conversation amicale devint une discussion, puis une dispute, où chacun reprochait à l'autre tout ce qui lui passait par la tête, comme cela se passe quand la colère monte, quand le sang se met à bouillonner et qu'il n'y a plus moyen de faire entendre raison ni à l'un ni à l'autre des protagonistes.

Toute la nuit Nouraddin ne dormit pas. Il étouffait de colère et de rage ; il avait trop chaud et se retournait sur sa couche. Le matin venu, il fit seller et harnacher d'or sa belle mule de vizir, et dit à ses serviteurs :

– Je vais faire une petite promenade, et ne souhaite point être accompagné. J'ai le cœur lourd, et désire être seul.

Il sortit du Caire, et avança droit devant lui. Ayant cheminé ainsi durant de nombreux jours, il finit par atteindre la ville de Bassora. Le vizir de ce port était assis devant sa fenêtre et il aperçut cette mule tout harnachée d'or, portant le beau jeune homme richement vêtu. Il manda ses serviteurs auprès de l'arrivant pour l'inviter en son palais.

Nouraddin pénétra donc dans la demeure du vizir de Bassora, salua poliment celui-ci qui l'invita à prendre place auprès de lui et se mit à l'interroger : « d'où viens-tu, que viens-tu chercher à Bassora? » Nouraddin raconta tout au vizir, lui exposant pourquoi et comment il a quitté le Caire, pour probablement n'y retourner plus jamais. En écoutant Nouraddin, le vizir l'examinait ; il lui parla à son tour, et l'invita en son palais. Les jours suivants, il passa de longs moments avec le jeune homme, l'invitant à sa table, et trouvant beaucoup de plaisir en sa compagnie.

Il ne fallut pas longtemps pour qu'au cours d'une promenade dans les jardins du palais, à l'ombre des palmiers, le vizir, posant sa main sur l'épaule de son jeune compagnon, lui déclarât :

— Mon garçon, je suis bien âgé, et je n'ai point de fils. En revanche, j'ai une fille, gracieuse et svelte. La prendras-tu pour femme? Ensuite, nous nous présenterons devant notre sultan, et je lui proposerai de te prendre comme vizir. Moi, je me retirerais pour prendre quelque repos.

Et Nouraddin donna son accord.

On fit un grand mariage avec de nombreux invités : tous les grands personnages et les riches marchands de Bassora. Chacun félicitait les jeunes mariés de cette heureuse union. Et Nouraddin était vraiment satisfait, car sa jeune épouse était belle, mince et gracile. Après le cérémonial des épousailles, ils se rendirent chez le sultan, qui nomma Nouraddin vizir de sa cité. Nouraddin devint ainsi le bras droit du sultan ; il eut beaucoup de chance dans ses affaires, si bien qu'il ne fallut pas longtemps pour qu'il devînt l'un des hommes les plus riches et les plus puissants de Bassora ; il possédait de nombreux bateaux chargés de marchandises, des esclaves, des soldats, des courtisans, des fermes et des châteaux. Une année s'était à peine écoulée, quand sa femme accoucha d'un garçon. Ils lui donnèrent le nom de Hassan. Il y eut une grande fête, avec d'innombrables invités, puis la vie reprit son cours, dans le bonheur.

Et pendant ce temps-là, qu'advenait-il du frère, Chamsaddin?

En apprenant la nouvelle du départ de Nouraddin, Chamsaddin était entré dans une très grande mélancolie. Il se reprochait de s'être disputé avec son frère, et d'en être maintenant séparé en mauvais rapports. Il le fit rechercher, mais il semblait que la terre eût englouti le fugitif. Et Chamsaddin finit par abandonner l'espoir de le revoir un jour. C'est ainsi qu'il arrive que des frères se perdent pour une petite dispute — et plus tard ils le regrettent.

Chamsaddin prit pour épouse la fille d'un marchand, et la volonté de Allah s'accomplit : Allah avait décidé que Chamsaddin se marierait le même jour que son frère ; celui-ci se mariait à son insu, à Bassora.

Une année ne s'était pas écoulée que la femme de Chamsaddin accouchait d'une fille. Ce même jour voyait la naissance du garçon de Nouraddin, le petit Hassan. Et tout s'accomplit par la volonté d'Allah, car Allah est tout-puissant.

Nouraddin fit donner la meilleure éducation à son fils Hassan, qui grandit en sagesse et en beauté ; il avait toutes les qualités, c'était un splendide jeune homme, à la fleur de la jeunesse. Deux vers le décrivent :

Si les plus belles fleurs du monde l'entouraient,
Devant sa splendeur, toutes en pâliraient.

Les gens se retournaient pour le voir, quand il accompagnait son père dans les rues de Bassora ; le sultan de Bassora lui aussi se prit d'amitié pour Hassan, et lui fit savoir qu'il le voulait auprès de lui chaque jour.

Ainsi passa le temps ; Hassan grandit, et bientôt il fêta ses vingt ans. C'est à cette époque que Nouraddin, sentant ses forces diminuer, manda Hassan à son chevet, et lui dit :

– Mon fils, le monde passe, et nous ne durons qu'un moment. L'homme naît, grandit, puis vieillit et alors il lui faut mourir. Prends donc une feuille de papier et écris ce que je vais te dicter.

Hassan prit donc une feuille de papier, une plume d'oiseau, et Nouraddin lui dicta tout ce qui le concernait : d'où il venait, quelle avait été sa vie depuis le jour où, faisant harnacher d'or sa fidèle mule, il avait quitté sans retour sa ville du Caire. Il n'oublia de mentionner ni la date de son mariage, ni celle de la naissance de son fils, fixée selon la volonté d'Allah.

Lorsque Hassan eut tout consigné par écrit, son père Nouraddin fit un rouleau du papier, et le scella en disant à Hassan :

– Mon fils, au pays d'Égypte, en la ville du Caire, il y a un vizir, qui est mon frère, et ton oncle. Si tu as un jour des ennuis, rends-toi auprès de lui et donne-lui ce document. Et dis-lui bien que je suis mort en pays étranger, mais que toujours il m'a manqué.

Hassan cousit le rouleau de papier sous la doublure de soie de son long turban. Il versait des pleurs, car il avait compris que son père se préparait à la mort, et que c'étaient des adieux éternels qu'il venait de lui faire. En effet, Nouraddin rendit l'âme le jour même.

Après avoir conduit son père au cimetière, au-delà des remparts de la cité, Hassan s'enferma chez lui en grand désespoir. Rien ne le consolait. Durant deux longs mois il ne mit pas le nez dehors. Il omit même de se présenter devant le sultan alors que sa charge exigeait qu'il le fît quotidiennement.

Le sultan attendit un mois, puis patienta deux mois ; mais bientôt sa colère s'enflamma : Hassan ne venait même pas prendre de ses nouvelles. Il ordonna à ses soldats d'aller arrêter Hassan, et de le lui amener de force, ligoté s'il le fallait. Il projetait de jeter son vizir en prison.

Mais le sultan, de colère, criait fort et tout le monde l'entendit ; le vizir de Bassora était aimé et on le prévint : – Fuis, seigneur Hassan, fuis vite, car le sultan a lancé contre toi ses soldats ; ils arrivent pour t'enchaîner et te jeter en prison! Si tu tiens à la vie, fuis vite! Il n'y a plus une minute à perdre!

En entendant cela, Hassan quitta tout ; il abandonna sa maison et tous ses biens. Il s'enfuit. Il sortit de la ville, se glissa dans le cimetière jusqu'à la tombe de son père. Il resta assis longtemps, réfléchissant et poussant de gros soupirs, car il avait le cœur lourd. Le soleil déclinait à l'horizon, et perdu dans ses pensées, Hassan finit par s'endormir.

Ce cimetière était hanté par des esprits. Disons plutôt des djinns, car c'est ainsi qu'en pays arabe on nomme les esprits.

Au-dessus du mur du cimetière, la lune avait fait son apparition ; un djinn voletait d'une tombe à l'autre. Soudain il rencontra Hassan endormi. Il descendit un peu plus près, et se pencha sur le dormeur pour l'examiner mieux.

Mais pendant ce temps-là, que se passait-il chez le vizir Chamsaddin?

La fille de Chamsaddin avait grandi, elle aussi. Elle avait fêté ses vingt ans. Comme elle était d'une grande beauté, le sultan du Caire avait projeté de l'épouser. Le vizir Chamsaddin tenta de lui expliquer que c'était impossible, car sa fille était d'ores et déjà fiancée depuis avant sa naissance, au fils de son frère Nouraddin, qui avait disparu ; seul Allah savait où il se trouvait. Mais le sultan était très vexé, et il voulait se venger : il décida que la fille qu'on lui refusait serait mariée à l'homme le plus bas de l'échelle sociale du Caire, à un palefrenier bossu.

Hassan dormait, tandis qu'un djinn était penché sur lui, et qu'un autre djinn s'approchait :

– Viens voir plus près, disait le premier, j'ai fait une découverte intéressante!

Le deuxième djinn à son tour s'inclina sur le dormeur et remarqua :

– C'est vraiment un beau jeune homme!

Le premier djinn dit à son tour :

– Jamais de ma vie, je n'ai rencontré un être aussi parfait, personne qui puisse lui être comparé!

Mais le deuxième djinn, se penchant encore un peu plus près, rétorqua alors :

– Moi, si, j'ai vu un être qui peut lui être comparé, qui l'égale en splendeur.

— C'est aussi un jeune homme? demanda le premier.

— Non, ce n'est pas un garçon, c'est une fille, dit le deuxième djinn. C'est une fille qui vit en Égypte, au Caire. Elle est d'une sveltesse extraordinaire, d'un charme indicible. Si les plus belles fleurs du monde l'entouraient, devant sa splendeur, toutes pâliraient. C'est la fille du vizir Chamsaddin, et demain on la marie à un palefrenier bossu.

— Tu ne trouves pas que c'est dommage?

— C'est vraiment dommage, répondit alors le deuxième djinn. Elle mériterait plutôt comme mari ce jeune homme, beau comme le jour!

— Et si nous intervenions? proposa l'autre djinn en éclatant de rire.

— D'accord! Mettons-nous à l'œuvre! répliqua son compagnon, en riant lui aussi.

— Tout d'abord, je vais me faufiler dans le palais pour aller rechercher le turban à doublure de soie de ce dormeur, qui l'y a laissé, dans sa précipitation.

— Vas-y, mon frère, l'encouragea le deuxième djinn, en souriant lui aussi, car il connaissait toute chose qui ordinairement reste inaccessible à la connaissance humaine. Et ensuite, nous nous préoccuperons de son avenir.

Ainsi fut fait. Le premier djinn ramena le turban du dormeur et le lui posa délicatement sur la tête. Le deuxième djinn, lui, il souleva légèrement Hassan et l'emporta dans les airs.

Bientôt, Hassan se réveilla et constata qu'il ne se trouvait plus dans le cimetière, où il s'était endormi. Il n'était plus à Bassora! Il se réveilla dans une ville complètement inconnue. Il commençait à s'inquiéter, quand le djinn, qui était assis à côté de lui, lui déclara :

— Ne crains rien. C'est moi qui t'ai amené ici. Tu ne le regretteras pas. Lève-toi et revêts ce magnifique manteau, puis dirige-toi vers ce palais où se prépare une noce. En chemin, distribue des pièces d'or, afin de parvenir à l'intérieur du palais. Quand un homme distribue des pièces d'or, il pénètre n'importe où, tu ne l'ignores pas. Quand tu entreras dans la salle de mariage, tu remarqueras la mariée et le marié. C'est un vilain bossu, ne le regarde même pas. Mais la fiancée, elle, mérite la plus grande attention. En vérité, tu ne le regretteras pas. Cours vite. Et distribue ces pièces d'or, dont je t'ai parlé.

— Mais je n'ai même pas un sou de cuivre sur moi! rétorqua Hassan, avec un soupir de regret.

— Mais si, tu as les poches pleines. Plonges-y la main, tu verras!

Hassan s'exécuta et sentit sa poche pleine de pièces d'or. Il se leva donc, revêtit le somptueux manteau et se dirigea vers le palais. C'était le palais du vizir, le palais de Chamsaddin. En route, il distribua des pièces d'or, et les gens lui indiquèrent par où il devait passer, en s'inclinant. Des soldats gardaient la porte du palais, mais quand Hassan leur distribua les pièces d'or qui semblaient ne jamais s'épuiser, ils lui ouvrirent la porte, en le saluant. C'est ainsi que Hassan parvint jusqu'à la salle de mariage, illuminée de nombreuses torches et de flambeaux. Il distribua des pièces d'or à tous les danseurs et danseuses, aux chanteurs, aux chambellans, et ces derniers l'installèrent à une place, d'où l'on pouvait très bien voir la salle. Déjà les danseuses frappaient sur leur tambourin, déjà les chants s'élevaient, les flûtes lançaient leur signal, quand la porte s'ouvrit. La fille du vizir fit son entrée, le visage voilé, parfumée, coiffée, revêtue d'un superbe manteau cousu d'or et de pierreries. Puis vint le marié, le vilain bossu. Hassan ne regarda pas le fiancé. Par contre, il regarda la fiancée, la contempla avec plus d'attention, et bientôt ne put plus en détacher les yeux. Elle était mince comme un jonc, souple comme une gazelle. Et quelle beauté, quand les servantes lui dévoilèrent le visage! Un joli poème la décrit fort bien :

Son visage illuminait jusqu'au moindre coin
Si bien que de chandelle, il n'était plus besoin.

La jeune fiancée aussi, avait remarqué Hassan ; et elle murmura si bas que personne ne put l'entendre : « Fasse Allah, dans sa grande équité, que je devienne l'épouse de ce bel étranger, et qu'il envoie ce vilain bossu au loin! »

Entre-temps le bossu, lassé de voir les danses nuptiales et d'entendre les épithalames, était allé prendre quelque repos sur un banc, dans le couloir. Notre petit djinn, qui s'était changé en souris — ceci est chose simple pour un djinn — trotta sous le banc et entreprit de sifloter : pisk, pisk! Le bossu regarda la souris, et lui demanda : « Que veux-tu? » Mais la souris ne veut rien ; se mit à grossir, à grossir et se transforma soudain en un chat. Un chat qui miaulait : miaou, miaou! Et le chat se mit aussi à grandir, grandir et se transforma en gros chien. Un chien qui aboyait : ouah, ouah! Le bossu commençait à avoir peur. Il cria au chien : Loin d'ici, sale bête! Mais le chien grandit lui aussi, et se changea en âne! Un âne brayant : hi-han, hi-han! Et bientôt l'âne grandit, grossit, et devint un bœuf. Dès lors le bossu fut totalement effrayé. Et le bœuf lui parla avec une voix humaine :

— Malheureux, comment as-tu osé tenter de me prendre la jeune fille que j'ai décidé d'épouser? En entendant cela, le bossu se mit à trembler de tout son corps :

— Pardonne-moi! Je suis innocent! On m'a contraint et forcé! Je ne savais pas qu'un boeuf était amoureux d'elle!

Alors le bœuf prit le bossu avec ses cornes, et beugla, d'une voix terrifiante :

— Si tu ne disparais pas à l'instant, je te réduis en bouillie! Quitte le palais, quitte la ville, va dans la campagne, et ne réapparais plus jamais en ces lieux!

Le pauvre bossu prit ses jambes à son cou, et ne revint jamais au palais, ni dans la ville.

Comme le bossu avait disparu de la salle du mariage, et qu'on ne le trouvait plus nulle part, une grande agitation s'était élevée. On cherchait le marié dans tous les coins du palais, mais pas la moindre trace de lui!

La fiancée, elle, ne cherchait pas son vilain fiancé ; elle ne regrettait pas du tout sa disparition. Elle ne cessait de contempler le bel étranger, et elle se disait : « Ah! Fasse Allah, dans sa toute-puissance, que je devienne la femme de ce beau jeune homme, qui a déjà pris mon cœur! » Et de son côté Hassan, qui ne pouvait détacher son regard de la belle jeune fille, sentait lui aussi qu'elle était entrée pour toujours dans son cœur.

Mais déjà la nuit s'achevait, et notre gentil djinn, esprit nocturne, perdait tout pouvoir pendant le jour. Il lui fallait donc se hâter. A une chandelle proche, il alluma un papier soporifique ; aussitôt la salle s'emplit d'une fumée odorante et tout le monde s'endormit. Hassan n'échappa pas non plus au sommeil collectif. Le djinn l'emporta et alla le redéposer au cimetière, près de Bassora, là où il l'avait trouvé. Mais avant de s'envoler avec lui, il lui avait ôté son turban, et avait placé la coiffure sur une petite table, dans la salle de mariage.

A l'aube, Hassan se réveilla. Il se retrouva au cimetière, le djinn assis à ses côtés, sous une forme humaine. Il sourit.

— Que fais-tu là? lui demanda Hassan.

— Je suis assis là, comme ça, répondit le djinn.

— J'ai fait un très beau rêve, lui confia Hassan. J'y ai trouvé le bonheur.

— Peut-être le trouveras-tu aussi dans la vie, ce bonheur? dit le djinn, toujours souriant.

— Hélas non, je ne le crois pas, dit Hassan en poussant un soupir. Dans la vie, je ne rencontre que le malheur. Je ne sais même pas, maintenant, ce que je dois faire, ni où aller.

— Retourne en ville, lui conseilla le djinn.

— Impossible. Je ne peux pas. On me jetterait dans les geôles du sultan.

— Et si tu te déguisais?

— En quoi pourrais-je me déguiser?

— En cuisinier, par exemple. Tu revêtirais une blouse de cuisinier, tu te barbouillerais un peu le visage et personne ne te reconnaîtrait. Loue une petite cuisine en ville, prépare des plats et vends-les. Un peu de travail ne te fera pas de mal. On n'a rien pour rien, dans la vie. Et laisse le reste aux bons soins d'Allah, car Allah est grand et il est bon. Tu ne le regretteras point.

— Où trouverais-je des vêtements de cuisinier? Et une cuisine? Et une boutique?

— Tu trouveras un costume de cuisinier dans ce petit sac. La cuisine et la boutique, tu les découvriras dès ton entrée en ville, tout de suite après en avoir franchi la porte.

Déjà le soleil pointait à l'horizon, Hassan se tourna vers le djinn, mais il n'y avait plus de djinn. Il n'y avait plus qu'un sac, et dans le sac un costume de cuisinier, sous lequel il y avait un peu de farine. Hassan revêtit le costume, s'enfarina le visage, puis se mit en route vers la ville de Bassora. Après en avoir franchi la porte, il découvrit une cuisine avec une petite boutique ; dans la cuisine il y avait des poêles à frire, des plats, des pots et des chaudrons, de la viande, des légumes, des œufs, tout ce qu'il faut pour cuisiner. Alors il se mit à l'ouvrage. Il vendait tout ce qu'il préparait aux passants et gagnait bien sa vie ; pour le reste, il s'en remettait à Allah, car Allah est grand et bon.

Pendant ce temps-là, que se passait-il au Caire? Et la belle jeune fille, mince et souple comme un roseau, que devenait-elle?

Le vizir Chamsaddin était très content de la disparition du bossu : le mariage n'avait pas pu être célébré. Pourtant il n'était pas satisfait de voir sa fille en pleurs, pâlissant de chagrin. Il pensait bien que ce désespoir devait être attribué au bel étranger, dont sa fille était tombée amoureuse ; mais il avait disparu lui aussi. Le vizir ne savait comment s'expliquer ces disparitions, et il savait encore moins comment il pourrait consoler sa fille. Tandis qu'il réfléchissait, ses serviteurs lui apportèrent un turban, en lui expliquant qu'ils l'avaient découvert dans la salle des fêtes, sur une petite table, et que personne ne le réclamait. En l'examinant, Chamsaddin constata que c'était un turban de grande valeur, avec une doublure de soie. Il lui vint à l'idée de découdre cette doublure — et il y découvrit un rouleau de papier. Après avoir lu ce qui était écrit sur le rouleau, il s'exclama : — Allah est grand! Il n'est pas de dieu plus puissant qu' Allah!

En l'entendant, sa fille accourut et lui demanda ce qui se passait.

— Des événements bien étranges, ma fille chérie! dit le vizir Chamsaddin. Sais-tu qui est ce bel étranger? C'est le fils de mon frère Nouraddin! Mon frère est parti, il est allé vivre à Bassora, il s'y est marié le jour où moi-même je me mariais au Caire. Et sa femme lui a donné un fils le jour même de ta propre naissance. C'est exactement ce que nous avions décidé autrefois. Il avait été également décidé que lorsque vous seriez grands, le fils de Nouraddin prendrait ma fille pour femme! Un jour, ce destin s'accomplira!

Cependant, la fille fit remarquer, avec une grande amertume, qu'il ne semblait pas que le destin dût s'accomplir totalement. Certes, le fils de Nouraddin était né comme prédit, mais il avait disparu ; s'il n'était pas là, il ne pouvait épouser la fille de Chamsaddin.

Le vizir Chamsaddin dut bien reconnaître que c'était vrai et ceci les attrista tous les deux. Longtemps ils cherchèrent ensemble — hélas, en vain — ce qu'il convenait d'entreprendre pour retrouver le fils de Nouraddin.

Ils le firent chercher partout au Caire, mais il ne s'y trouvait pas. Ils envoyèrent des messagers vers Kalabchèh, Bilbeis, même jusqu'à Damas — mais il ne s'y trouvait pas non plus. Enfin, après tant de réflexions et de recherches vaines, le vizir Chamsaddin déclara :

— Allons voir à Bassora. C'est là qu'il doit se trouver.

Il fit alors charger deux chameaux de leurs litières et seller des mulets pour les soldats, serviteurs et autres membres de leur suite ; des chameaux de charge portaient tous les bagages, nourriture et boisson, nécessaires à un long voyage, ainsi que des manteaux d'apparat pour l'arrivée, des cadeaux somptueux pour les hôtes, les puissants seigneurs et les vizirs des pays où ils passeraient. Le père et la fille, allongés sur leur litière quittèrent donc le Caire pour se rendre à Bassora, à la recherche du fils de Nouraddin.

Après de longues, très longues journées de marche, ils passèrent enfin la porte de Bassora. Ils se promenèrent dans les rues, les places, les marchés, pour arriver enfin au palais du sultan. Présentant leurs respects à ce dernier, avec de somptueux cadeaux, en s'inclinant bien bas, ils lui demandèrent où était le fils de Nouraddin. Mais le sultan ne le savait pas.

Alors ils allèrent rendre visite au vizir de Bassora, en lui offrant de beaux présents. Mais le vizir non plus, ne savait pas où se trouvait le fils de Nouraddin.

Ainsi ils allèrent voir toutes les personnalités de Bassora, tous les riches marchands — mais aucun d'eux ne pouvait leur dire où se trouvait le fils de Nouraddin.

Après trente et un jours passés à Bassora, fatigués d'avoir tant cherché, déçus, le père et la fille décidèrent de regagner leurs foyers. Les mulets de la troupe furent à nouveau sellés, les chameaux de monture furent rééquipés des litières. La caravane, une fois formée, se mit en route, et se dirigea vers la porte de la ville. Devant cette porte, le vizir du Caire et sa fille s'arrêtèrent une dernière fois pour faire leurs adieux au vizir de Bassora qui les avait accompagnés jusque-là.

Alors la fille de Chamsaddin remarqua, non loin de la porte de la ville, une petite boutique, une sorte de pâtisserie, dont le pâtissier se tenait, le visage enfariné, sur le seuil.

— Je vais m'adresser à ce jeune mitron, dit-elle à son père. J'ai faim, et je vais aussi lui demander s'il ne sait pas où je pourrais trouver le fils de Nouraddin.

— Si tu as faim, ma fille, lui fit remarquer son père, sur un ton de réprimande, nos serviteurs te donneront des gâteaux ou des fruits, ils en ont. Point n'est besoin de demander à ce petit mitron, qui ne prépare sans doute que des plats grossiers, des haricots ou des crêpes au mouton! Et comment veux-tu qu'il sache où se trouve le fils de Nouraddin? Mon frère était vizir, son fils était fils de vizir, il ne fréquentait sûrement pas les cuisiniers.

Mais elle voulait à toute force y aller et quand elle entendit ces paroles, des larmes jaillirent de ses yeux.

Et bientôt, la fille du vizir entra dans la boutique du petit restaurateur, en disant :

— J'ai faim.

Hassan la reconnut tout de suite. Il la contempla muet d'admiration.

Mais déjà elle s'irritait :

— Tu as perdu la parole? lui demanda-t-elle. Que vas-tu me donner à manger?

Enfin il se ressaisit et il lui répondit :

— Ne tape pas ainsi du pied devant moi, fille de vizir!

— Qui donc es-tu, pour me commander? A-t-on jamais vu un pâtissier donner des ordres à une fille de vizir? cria-t-elle d'une voix courroucée.

— Je suis celui que je suis, répondit Hassan. Et toi, ne te fâche pas, sinon nous allons nous séparer fâchés!

— De toute façon, fâchés ou non, nous allons nous séparer!

— Mais non, mais non, lui répondit Hassan, en souriant. A l'instant même le monde va voir la fille du vizir inviter le pâtissier à l'accompagner!

— Plutôt que de te prendre avec moi, je ferais à pied le trajet jusqu'au Caire!

— Mais tu seras trop fatiguée, fille de vizir. Le Caire est loin! Allons, que veux-tu manger, de l'agneau rôti ou un plat de haricots?

— Les deux, dit-elle d'un ton sec.

Hassan se retira alors dans sa petite cuisine, et il y dressa un plat de fruits frais, magnifiques, avec des pêches et des abricots bien mûrs ; sur un autre plat, il plaça un morceau de pigeon, des œufs et du beurre, avec des épices des Indes. Le sultan lui-même s'en serait régalé! Ensuite, Hassan se lava le visage, se brossa les cheveux, et, apportant ces mets appétissants, retourna en hâte vers la boutique où la belle risquait de s'impatienter.

La fille de Chamsaddin regarda les plats somptueux, et s'étonna. Puis elle leva les yeux vers le visage de celui qui les lui apportait, et elle s'étonna bien davantage! Elle poussa un cri de joie, et Hassan, qui la contemplait aussi, poussa lui aussi un grand cri, il lâcha les plats pour prendre dans ses bras sa bien-aimée. Les plats se brisèrent, les pêches et les abricots roulèrent loin par-delà la porte de la ville. Mais cela n'avait plus d'importance.

Bientôt Hassan prit place auprès de la fille du vizir, dans sa litière portée par le chameau. Il lui tenait la main qu'il avait prise pour l'aider à monter, et la gardait. Ils arrivèrent bientôt au Caire. On célébra aussitôt le mariage avec faste.

Juste avant la fête, Hassan avait demandé à son oncle le vizir Chamsaddin, quel était le montant de la dot qu'il exigeait pour la main de sa fille. Tout honteux, Chamsaddin avait répondu :

— Je crois bien qu'il convient que je te donne ma fille sans exiger de toi la moindre dot. Ton père et moi, n'étions-nous pas deux frères?

— Tu nous as raconté une très belle histoire, dit, le lendemain, le soldat au vieux jongleur, alors que de nouveau réunis comme la veille, ils se demandaient quel bon plat faisait mijoter le cuisinier dont l'échoppe était enfumée. Car à nouveau, ils avaient une faim terrible. C'était le sixième jour du ramadan et la fin du mois de jeûne était encore loin.

— Des sacs remplis de nourriture! Qu'est-ce qu'il peut bien y avoir dedans? soupire le tailleur.

— Et cette pastilla aux pigeons, dorée au jaune d'œuf, encore toute chaude! rêve le porteur, à tel point que la salive lui vient à la bouche.

Tous, plongés dans leurs rêves de bonne nourriture, voient en imagination cette pastilla, décorée de piments et de tranches de tomates, toute persillée.

Le tailleur se reprend :

— On ne peut pas continuer comme ça. Même penser à la nourriture, c'est intolérable. Réveillez donc ces bateleurs.

Ils réveillent le vieux jongleur qui s'était tranquillement endormi à l'ombre.

— Qu'est-ce qui se passe? demande le vieux, en regardant vers le soleil, pensant enfin pouvoir se mettre à table.

— Raconte-nous une histoire, demande le savetier. Sinon nous ne faisons que penser à manger.

Le soleil, peu à peu, descendait vers l'horizon et de la cuisine s'échappait un fumet appétissant, tandis que le jongleur se mettait à raconter la deuxième histoire.

LE PRINCE ACHRAF ET LE ROI DES DJINNS

LE PRINCE ACHRAF ET LE ROI DES DJINNS

On raconte qu'il y a bien longtemps, régnait en la cité de Bassora un roi, sage et très riche. Les gens l'aimaient, car il régnait dans la justice et l'équité. La reine aussi était pleine de sagesse et elle élevait avec un amour infini leur fils unique, le prince Achraf.

Un jour, le roi fit venir en son palais tous les devins du pays, et leur ordonna de lui dire l'avenir de son fils, quel homme il serait, et ce qui lui arriverait plus tard.

Par une nuit claire, les hommes de science se réunirent dans les jardins royaux pour examiner le ciel et lire dans les étoiles l'avenir du prince héritier.

— Les étoiles annoncent qu'il sera très courageux, dit le premier savant.

— A moi, elles confient qu'il vivra de bien étranges aventures, dit un autre.

— Et qu'il vivra jusqu'à un âge très avancé, ajouta un troisième.

Et tous les astrologues hochèrent gravement la tête en signe d'assentiment, lisant à leur tour de semblables révélations.

Le jeune prince grandit en sagesse et en beauté, apprenant avec zèle tout ce qu'un prince, un futur roi, doit savoir. Mais un jour, le vieux roi tomba gravement malade. Comprenant sans doute qu'il ne vivrait plus longtemps, il fit venir le prince à son chevet et lui adressa ce discours :

— Mon fils, tu seras bientôt le roi de ce pays. J'espère que tu règneras avec bonté et justice. N'écoute pas ceux qui ne te feront que des éloges, et avant de punir quiconque, efforce-toi toujours de découvrir la vérité.

Le prince Achraf promit au roi son père de se rappeler toujours ses dernières paroles, et bientôt le vieux roi mourait.

Mais, une fois roi, le jeune prince ne tint pas sa parole. Il gouverna très mal. Il pouvait, pensait-il, tout se permettre, puisqu'il était le roi. Il passa son temps à s'amuser et à dépenser sans compter. Vainement sa mère, la sage vieille reine, lui rappelait les paroles du roi défunt. Le jeune roi avait rapidement perdu toutes ses richessses. C'est alors qu'il regretta d'avoir mal gouverné son royaume.

Une nuit, Achraf fit un rêve étrange : près du lit du prince se tenait un vieillard à barbe blanche, aux yeux pleins de douceur. Il tint ce langage au jeune roi, très surpris :

— Achraf, sache qu'après toute peine vient une joie, et que le bonheur est suivi du chagrin. Le temps est venu, où tu vas à nouveau devenir riche. Va jusqu'au Caire, et tu verras!

La sage reine ne croyait guère au rêve, mais elle n'empêcha pas son fils d'entreprendre son voyage au Caire. Elle se disait qu'en route son fils apprendrait peut-être à mieux vivre.

Notre jeune roi partit donc à travers le désert brûlant où souffle le vent sans arrêt. Il galopa durant de longs jours et enfin, épuisé, il arriva en vue des murailles de la ville. Il descendit dans une modeste taverne, se fit servir le souper et se coucha aussitôt.

A peine eut-il fermé les yeux que le vieillard à barbe blanche réapparut. Il lui dit :

— Je constate que tu as cru en ma parole, Achraf. Le bonheur t'attend. Mais pour l'obtenir, il te faudra du courage. Demain matin retourne en ton château royal, et tu seras riche.

Achraf ne réfléchit pas longtemps. Dès l'aube, il monta à cheval et, sous le soleil et le vent brûlants, il regagna en hâte Bassora.

De fatigue et d'épuisement, il tomba de sa monture en arrivant près de son palais.

— Transportez le roi dans sa chambre et déposez-le avec précaution sur sa couche, ordonna la vieille reine à ses serviteurs. C'est bien ainsi, car maintenant, il ne croira plus en ses rêves.

Le roi dormit longtemps sans rêver, mais l'étrange vieillard se représenta à nouveau à ses yeux, et lui dit :

— Mon fils, fais encore ce que je vais te conseiller. Demain matin, munis-toi d'une pioche et va dans la chambre de ton père. Creuses-y le parquet jusqu'à ce que tu mettes au jour un grand coffre. C'est un trésor. Le bonheur ne t'échappera pas si tu m'écoutes.

Lorsque au matin Achraf raconta à sa mère ce qu'il avait encore rêvé, la reine se fâcha :

— Tu es fou, mon fils! Toi, le roi, te promener dans le palais avec une pioche sur l'épaule!

Mais ses paroles furent vaines. Le jeune roi en rit, se munit d'une pioche et se hâta de gagner la chambre de son père. Il n'eut que quelques coups à donner dans le sol ; il découvrit un couvercle de coffre, sous lequel était posée une grande pierre plate, toute blanche. Il eut quelque peine à déplacer cette pierre, mais quand il y parvint, il découvrit un escalier en marbre blanc qui s'enfonçait dans le sol.

Achraf alluma un cierge et, prudemment, il commença à descendre. En bas se trouvait un véritable palais! Il suivit des couloirs de marbre blanc, et se trouva soudain au centre d'une salle splendide. Les murailles d'or et d'argent brillaient, le plancher et le plafond, incrustés de diamants, scintillaient, tandis que partout des rubis rougeoyaient de mille feux. Et, tout autour, étaient alignées des urnes de jaspe vert.

Achraf, s'enhardissant, s'approcha et regarda à l'intérieur de l'une de ces urnes. Le bon vieillard avait raison! La cruche était pleine de pièces d'or! Et les cruches voisines l'étaient aussi. Prenant une poignée de pièces d'or, il se hâta d'aller rejoindre sa mère.

Cette fois-ci, la reine dut se rendre à l'évidence : un trésor était caché sous le palais! Conduite par son fils, elle descendit voir le trésor.

Tout au fond, dans un coin, ils découvrirent une petite fiole, dans laquelle se trouvait une clé en or pur. Rien ne l'accompagnait.

— Cette petite clé nous ouvrira un autre trésor. Viens, mon fils, aide-moi à le découvrir, dit la reine.

Ils n'eurent pas de peine à découvrir au milieu d'un pan de mur, une petite porte fermée à clé. La clé d'or sauta toute seule dans la serrure, et ouvrit la porte.

Une autre salle s'étalait sous leurs yeux — et quelle salle! Encore plus grande et plus belle que la première.

Au milieu se trouvaient huit socles d'or, portant huit statues de diamant, représentant des jeunes femmes d'une beauté rare.

Il y avait cependant un socle qui était vide, sans statue. Il n'y avait, sur le plateau du socle, qu'un rouleau de satin, portant un message écrit de la main même du roi défunt : «Mon cher fils! Toutes ces statues sont à toi. Fais route jusqu'au Caire, cherches-y mon ancien esclave, qui a pour nom Mubarak. Il te fera voir l'endroit où tu trouveras la neuvième statue, beaucoup plus belle encore que toutes les autres.»

— Ne tarde pas, mon fils, rends-toi immédiatement au Caire, dit la reine, après avoir lu. Maintenant, je n'ai plus d'objection à ton voyage. Les désirs de ton père défunt doivent s'accomplir. Et ne te fais point de souci pour le royaume, je saurai y veiller, avec l'aide du vieux vizir.

Le roi Achraf entreprit une nouvelle fois le voyage jusqu'au Caire. Il ne lui fut pas difficile de découvrir l'ancien esclave Mubarak. Dès qu'il eut passé la première porte du Caire, le roi apprit que celui qu'il recherchait était devenu l'un des hommes les plus riches, les plus importants du Caire. Et une troupe de gens le conduisit jusqu'à la demeure du riche et puissant Mubarak.

— Je suis le fils de feu le roi de Bassora, se présenta Achraf.

— Et comment saurai-je si tu dis la vérité? lui demanda l'ancien esclave.

— Tu me croiras certainement, quand je t'aurai dit que mon père avait un endroit secret où il cachait une vingtaine de cruches d'or, et huit statues de diamant. Je suis venu auprès de toi pour te prier de m'aider à découvrir la neuvième, la plus belle de toutes, à ce qu'il paraît.

— Oui, je vois, tu es vraiment le jeune prince, le fils de mon ancien maître, s'écria, tout joyeux, l'ancien esclave Mubarak.

Dès le lendemain matin, Achraf et Mubarak se mettaient en route, en quête de la neuvième statue. Chemin faisant, Mubarak expliqua au jeune roi qu'il devait s'attendre à de grandes aventures dangereuses avant de conquérir la neuvième statue. Mais Achraf était résolu à la posséder, fût-ce au prix de sa vie.

Ils cheminèrent des jours durant, dans un désert aride et brûlant comme la fournaise, avant d'atteindre une oasis de hauts palmiers qui se balançaient au vent, autour d'un lac scintillant. Une lune d'argent faisait luire les palmes, et un silence impressionnant régnait autour de cet endroit.

— Il te faut rassembler tout ton courage, dit Mubarak à voix basse. Nous sommes à proximité de l'endroit terrifiant, où est cachée ta statue. Là-bas, devant nous, de l'autre côté de l'eau, s'étend l'empire des esprits — les djinns — et c'est là qu'il te faut aller chercher ce que tu désires.

— Mais nous n'avons point de barque. Comment nous y rendre? interrogea Achraf, impatient.

— Attends un instant. Bientôt va apparaître le passeur avec sa barque. Tu frémiras de peur, à son aspect. Jamais de ta vie tu n'as vu un tel monstre. Un corps de lion, et une tête d'éléphant. Quelle que soit ta frayeur, ne souffle mot. Ne pousse pas un soupir. Sinon la barque s'enfoncera dans l'eau, et nous périrons noyés.

Déjà une embarcation se dirigeait vers eux. Son mât d'ambre jaune était gréé d'une voile de satin bleu. Le batelier mi-éléphant, mi-lion, faisait des mouvements d'homme. Il accosta, enleva Achraf et Mubarak avec sa trompe, emportant les deux hommes directement dans le bateau. Bientôt ils eurent traversé le lac et le lion-éléphant les déposait d'un mouvement de trompe sur la berge. Tout cela se fit dans un silence absolu. Personne n'avait soufflé mot.

— Enfin, maintenant nous pouvons parler, dit Mubarak. Nous nous trouvons sur la magnifique île qui appartient au roi des djinns.

Les voici bientôt devant un château, dont les murailles sont incrustées d'émeraudes et de rubis qui lancent des feux rougeoyants. Mais quel sentiment de frayeur ressentirent-ils! Devant le portail en or massif se trouvait une multitude de créatures immondes, et chacune d'elles, armée d'un dard, s'apprêtait à leur enfoncer dans la poitrine.

Vite, Mubarak déroula deux petits tapis et commanda à Achraf de s'asseoir sur l'un d'eux. Lui-même prit place sur l'autre et déclara :

— Ce sont des tapis magiques, et quiconque y prend place est protégé contre tout mal. Sans eux, ces monstres horribles nous réduiraient en bouillie. Le roi des djinns sera ici dans un instant. S'il nous considère comme des hôtes de qualité, il nous apparaîtra sous l'aspect d'un homme grand et beau. Mais si notre visite lui déplaît, nous verrons arriver un spectre hideux.

Mubarak avait à peine fini de parler que le ciel fut traversé par le feu de l'éclair. Le tonnerre gronda, à faire trembler la terre. D'énormes nuages noirs couvraient le soleil, plongeant soudain les alentours dans l'obscurité la plus totale. Le vent hurlait, le tonnerre grondait de plus en plus fracassant, et toutes les immondes créatures se mirent à hurler.

Le vacarme tomba tout aussi soudain qu'il avait commencé. Devant Achraf et Mubarak un jeune homme, beau comme le jour, s'inclinait en souriant.

– Sois le bienvenu, prince Achraf, dit le roi des djinns. J'avais beaucoup d'affection pour ton père. Chaque fois qu'il est venu me rendre visite, je lui ai offert une magnifique statue sculptée dans une seule pierre précieuse. Trois fois, je te suis apparu en rêve. J'avais promis à ton père de compléter pour toi d'une neuvième la série des huit statues de diamant qu'il possédait déjà. Et cette neuvième sera la plus belle de toutes. Elle sera d'une telle valeur que les huit autres, réunies, ne l'égaleront pas. Mais il n'est, pour toi, qu'un seul moyen de l'acquérir. Tu dois trouver, en ce monde, une très belle jeune fille, qui soit non seulement intelligente, mais encore qui, jamais de sa vie, n'ait prononcé une parole mauvaise, une jeune fille dont jamais la tête n'a même été traversée par une mauvaise pensée. Quand tu l'auras découverte, tu me l'amèneras. Elle deviendra la servante de mon épouse, la reine des djinns. Et toi, tu recevras ta statue.

Achraf promit de découvrir une telle jeune fille, tout en sachant que c'était là tâche bien difficile. Il s'enhardit cependant à demander encore :

– Mais comment vais-je la reconnaître?

– Tu as raison, mon cher fils. Les yeux de l'homme sont faibles, ils ne reconnaissent pas si vite la réelle valeur d'un être. C'est pourquoi je te donne ce miroir magique. Seule une jeune vierge telle que je te la demande y verra le reflet de son visage, lui expliqua le roi des djinns.

Alors, le jeune roi et Mubarak retournèrent vers le monde des humains, pour y découvrir la jeune fille parfaite souhaitée par le roi des djinns. Ils s'arrêtèrent d'abord au Caire. Quelle agitation parmi les jeunes cairotes! Chacune d'elles pensait être la plus parfaite jeune fille sous le soleil, toutes se précipitaient vers le miroir magique. Mais vainement. Pas une seule fois le miroir ne brilla – pas un seul visage de jeune fille ne s'y refléta.

Nos deux amis durent donc se remettre en route. Ils voyagèrent longtemps, souffrant la faim, la soif, la fatigue, avant de voir enfin surgir devant eux la glorieuse ville de Bagdad. Mais là aussi le miroir refusa de refléter le visage des jeunes filles qui se présentèrent, l'une après l'autre.

Chaque soir le roi, lassé, rangeait le miroir dans son coffret magique. Il commençait à désespérer de jamais trouver la jeune fille qu'il cherchait. Sans doute faudrait-il la chercher parmi celles qui ne se précipitent pas vers le miroir?

Un jour un vieil imam donna au roi son avis : il l'envoya chez l'un de ses amis, un ancien vizir, dont il savait qu'il élevait sa fille de façon à ce qu'elle soit sage et d'un caractère noble et pur. De plus, elle était la plus belle du monde.

L'ancien vizir fut heureux, en apprenant que le roi de Bassora lui-même venait lui rendre visite. Il fit aussitôt venir sa fille, et le roi la pria de vouloir bien regarder dans le miroir magique. Dès que la jeune fille se pencha dessus, le miroir se mit à briller et à refléter son visage admirable. Enfin Achraf avait découvert la jeune fille parfaite qu'il recherchait!

Mais alors se passa quelque chose que Achraf n'imaginait pas. Cette jeune fille lui avait tant plu que la tête lui en tournait. En cet instant, il oublia complètement la neuvième statue et la promesse au roi des djinns.

Le lendemain, il acheta un panier empli de bijoux incrustés de diamants, de rubis et d'émeraudes, et alla les offrir à la fille du vizir. Elle fut très contente de recevoir ces joyaux, mais encore bien plus troublée par le roi Achraf en personne. Mais Mubarak lui demanda aussitôt si elle accepterait de prendre pour époux un roi immensément riche.

Malheureuse jeune fille! Croyant qu'il s'agissait du roi Achraf, et que c'était de lui qu'émanait la demande en mariage, elle accepta tout de suite, de grand cœur. Elle ne soupçonnait pas qu'il s'agissait du roi des djinns!

Le vieux vizir, voyant le bonheur illuminer le visage de sa fille, ne pouvait s'opposer à ce mariage. Il regrettait seulement de ne pouvoir assister à la noce. Le voyage jusqu'à Bassora serait trop long, trop pénible pour son âge. Mais il dota sa fille d'un très riche trousseau, comme il convient à une fille de vizir fiancée à un roi, et il la laissa partir en lui souhaitant tout le bonheur possible dans sa future patrie. C'est cependant bien triste qu'il lui fit ses adieux.

Le roi Achraf, la fille du vizir et Mubarak entreprirent alors le long voyage dangereux qui devait les mener jusqu'à l'île des djinns. Au fur et à mesure qu'ils s'approchaient du but, Achraf devenait de plus en plus triste, découragé. Un jour, il l'avoua à Mubarak :

— Mon cher ami, il faut que tu saches que je souffre trop d'amour pour cette jeune fille. Sans elle je ne puis désormais plus vivre, sans elle je ne puis jamais plus être heureux. Je crois que je vais plutôt l'amener chez ma mère, à Bassora, et non pas chez le roi des djinns.

— Tu ne peux agir ainsi, seigneur, s'exclama Mubarak, effrayé. Tu as donné ta parole au roi des djinns, et tu dois la tenir. Sinon tu perdras la vie et l'honneur!

Pauvre Achraf! Il lui fallut aller jusqu'à l'île enchantée, et là, remettre au roi des djinns la jeune fille qu'il aimait.

Le roi de l'île enchantée fut satisfait à la vue de la jeune fille parfaite amenée par Achraf. Il déclara qu'elle serait la plus belle esclave de son royaume, de sa reine. Puis, s'adressant en particulier à Achraf, il ajouta :

— Tu m'as fait grand plaisir. Maintenant, rentre chez toi, et dès que tu seras en ton palais, hâte-toi de descendre dans la chambre secrète où sont rangées les huit statues de diamant. Sur le dernier socle tu verras la neuvième statue, la plus précieuse de toutes.

Mais Achraf, désespéré, pensait : « A quoi cela me servira-t-il de posséder une neuvième statue, quand je perds mon bonheur? »

Il fit pourtant ses adieux au roi des djinns, fit avec une grande tristesse ses adieux à la jeune fille, prit congé du fidèle Mubarak et, le cœur lourd, entreprit seul le retour vers son royaume et sa cité de Bassora.

La reine fut consternée de voir son fils : il rentrait chez lui cent fois plus triste et plus abattu qu'il n'en était parti. Mais, prudente, elle ne lui posa pas de question. Elle voulait pourtant savoir quel genre de statue son fils avait mérité et lui proposa tout de suite de descendre dans les sous-sols.

Les huit statues était toujours là sur leurs huit socles d'or. Mais la neuvième aussi se dressait là! Le roi Achraf n'en pouvait croire ses yeux, tant elle était belle. Et elle n'était point faite de diamant, ni d'or, ni d'aucune pierre précieuse, elle était là en chair et en os, bien vivante, les yeux brillants d'amour et le teint de la couleur des pétales de rose. C'était elle, oui, c'était elle, la belle et noble fille du vieux vizir, l'unique jeune fille qu'il eût jamais aimée.

Dès cet instant, la vie d'Achraf fut complètement changée. Prenant sa bien-aimée dans les bras, il la présenta à sa mère, et dès lors plus jamais le chagrin ne pénétra dans son cœur.

Le lendemain fut encore une longue journée de ramadan ; les hommes étaient à nouveau assis à attendre, et leur faim ne diminuait pas.

— Moi, j'en mangerais bien une côtelette, de ce lion à moitié éléphant! pensa tout haut le berger, se remémorant le conte de la veillée précédente.

— Raconte-nous encore quelque chose, demanda le mendiant au jongleur, pour que l'on ne se remette pas à parler de nourriture.

— Si tu nous parlais du calife abbasside Harun al-Rachid? proposa le soldat.

— Mais qu'est-ce qu'un calife? demanda le chamelier, qui avait toute sa vie erré dans les déserts, et en savait bien plus sur les chameaux que sur les rois et les sultans.

— Un souverain. Notre chef à nous tous. Le représentant du prophète Mahomet. Tu devrais avoir honte de l'ignorer, lui reprocha le scribe.

— Il y a de nombreuses histoires sur Harun al-Rachid, fit remarquer le soldat. Et, s'adressant au jongleur : tu en connais une?

— Bien sûr! fit l'autre en haussant les épaules.

Peu à peu, le soleil descendait vers l'horizon, un délicieux fumet montait de la cuisine, tandis que le jongleur commençait à raconter une nouvelle histoire.

ABA MUHAMMAD LE PARESSEUX

ABA MUHAMMAD LE PARESSEUX
33

Ce jour-là, le calife Harun al-Rachid était assis sur son trône, en sa ville de Bagdad, quand il vit arriver vers lui un serviteur qui lui apportait une couronne d'or, toute incrustée de perles et de pierreries. Le serviteur lui fit part de ce message :

– O Souverain des Fidèles, ton épouse, Zoubaïda, a fait orner cette couronne, mais il manque une grosse pierre précieuse, une pierre plus grosse que celles qu'on voit d'habitude. Mais elle a fouillé tous ses coffres et coffrets à bijoux, elle n'y a point découvert de pierre assez grosse à son goût.

Fort contrit, le calife hochait la tête, car il désirait satisfaire le désir de sa femme. Alors il ordonna à ses chambellans et aux seigneurs de sa suite :

– Trouvez une telle pierre pour ma femme.

Les seigneurs se mirent en quête, les chambellans et autres dignitaires commencèrent à chercher la pierre, mais nul ne la découvrit. Alors Harun al-Rachid se fâcha et s'écria :

– Je suis calife, seigneur et souverain de tous les Fidèles, et je ne peux me procurer une pierre! Comment cela est-il possible?

Il demanda alors conseil aux marchands. Ceux-ci lui donnèrent cet avis :

– Une pierre comme celle que tu veux pour ta femme, une pierre précieuse plus grosse que toutes celles que l'on a déjà vues, seul Aba Muhammad le Paresseux peut en posséder une. C'est un habitant de Bassora, au bord de la mer.

Les émissaires du calife furent envoyés à Bassora, pour y rencontrer Aba Muhammad le Paresseux. Un certain temps après le départ de l'expédition, se présenta devant le palais du calife de Bagdad, un somptueux cortège ; il y avait de nombreux mulets de charge et des chameaux portant des coffres, des couffins et d'autres paniers. Des esclaves déballèrent toutes les marchandises, et de sa litière descendit Aba Muhammad le Paresseux en personne. Il ordonna aux esclaves de porter toutes les caisses, tous les coffres et les couffins à l'intérieur du palais, tandis que lui-même s'avançait à la tête de son cortège de porteurs. Arrivé dans la grande salle du trône, il s'inclina devant le calife, puis ordonna à ses esclaves d'ouvrir les coffres et de sortir tout ce qu'ils contenaient. Il s'adressa ensuite respectueusement au calife en ces termes :

– Ô souverain de tous les Fidèles, daigne accepter mes humbles cadeaux.

Harun al-Rachid lui répondit :

– J'accepte avec reconnaissance tes offrandes, et suis heureux de t'accueillir à Bagdad, en mon palais. Alors les esclaves éparpillèrent sur les tapis soyeux, aux pieds du calife ébloui, une multitude de pierreries, topazes, émeraudes, des brocarts tissés d'or et d'argent, des coussins ornés de broderies et de perles fines ; mais surtout Aba Muhammad le Paresseux sortit lui-même d'un coffret d'ébène une énorme pierre précieuse, plus grosse que n'importe quelle autre pierre jamais vue en ce monde, et il l'offrit au calife en très humble et modeste présent pour sa femme Zoubaïda, en disant :

— Daigne accepter ces modestes présents, Seigneur, Prince des Fidèles. Moi, je ne suis qu'un homme simple, et de telles richesses ne me conviennent d'ailleurs point.

Le calife Harun al-Rachid accepta avec reconnaissance, et fit porter immédiatement la grosse pierre précieuse à Zoubaïda, son épouse. Il invita aimablement son hôte à prendre place à ses côtés et lui offrit de l'eau sucrée, avec du raisin.

— On t'appelle le Paresseux. Et ton père, on le sait, était un simple barbier. Mais aujourd'hui tu m'apportes des topazes, des émeraudes, des brocarts et même cette pierre précieuse plus grosse que tout ce qu'on a déjà vu. D'où donc tiens-tu toutes ces richesses?

Aba Muhammad le Paresseux but un peu d'eau sucrée, s'essuya la barbe du revers de la main, s'installa plus commodément sur le divan, et répondit :

— Souverain des Fidèles, si tel est ton bon plaisir, écoute mon histoire.

Harun al-Rachid but également une gorgée d'eau sucrée, il s'essuya aussi la barbe du revers de la main, s'enfonça dans les coussins du divan, et déclara : — Je t'écoute.

Alors Aba Muhammad raconta :

— Prince des Fidèles, tu le sais, mon père était un modeste barbier. Quant à moi, depuis ma plus tendre enfance j'étais l'être le plus paresseux que la terre ait jamais porté. Je dormais toujours devant la fenêtre, et au matin, lorsque le soleil se levait, ses rayons me frappaient dans l'œil, mais j'étais trop paresseux pour me retourner! Lorsque j'eus atteint l'âge de quinze ans, mon père est mort. Le monde ne fait que passer, nous ne sommes sur terrb que pour un bref instant, l'homme naît, grandit et vieillit, et déjà il lui faut se préparer à mourir. Mon père est donc mort, ne me laissant rien en héritage. Ma mère a servi des gens plus riches, elle m'apportait à boire et à manger, et moi je ne faisais que rester couché sur un côté.

Un jour ma mère, revenant à la maison, me montra cinq pièces d'argent, en me disant : « Écoute bien, mon fils! On dit que Mussafar, le marchand, s'en va chercher des marchandises jusqu'en Chine. Va le trouver, donne-lui ces cinq pièces d'argent en le priant de t'acheter pour cette somme quelques marchandises en Chine. Tu pourras les revendre par ici et, espérons-le, gagner ainsi quelque bénéfice ». Mais moi, je n'avais pas l'énergie d'aller jusque chez le marchand, et ce n'est que lorsque ma mère m'eut menacé de cesser de m'apporter à boire et à manger, que je lui ai enfin répondu : « Bon. Je vais me lever. Aide-moi à m'asseoir. » Et elle m'a aidé. Je lui ai encore dit : « Apporte-moi mes sandales ». Et elle me les a apportées. Je lui ai ordonné :

« Chausse-moi! » et elle m'a chaussé. « Mets-moi sur mes jambes, et pousse-moi, afin que j'aille plus aisément ». Elle me mit sur mes jambes, et me poussa, et c'est ainsi que nous sommes arrivés chez Mussafar le marchand. Je lui ai remis les cinq pièces d'argent, et il m'a promis de m'acheter quelque chose en Chine.

Peu de temps après le marchand cinglait vers la Chine ; il y vendit les marchandises qu'il apportait, acheta des produits de Chine, et leva l'ancre pour le voyage du retour. Ils voguaient depuis trois jours déjà, lorsque le marchand se rappela qu'il avait toujours en poche les cinq pièces d'argent et qu'il n'avait rien acheté en Chine avec cet argent. Ils passaient près d'une île. Le marchand ordonna d'y accoster. Mais là, il n'y avait rien à acheter. Sur le rivage, il ne rencontra qu'un mendiant accroupi, avec un singe pelé. Que faire? Faute d'autre chose, le marchand acheta le singe pour moi. Et il me l'a apporté.

Telle était la volonté d'Allah, car Allah est sage! Ainsi donc, je possédais ce singe. Il restait assis près de moi, quand je restais tranquille, il mangeait avec moi et buvait avec moi. Mais pendant la nuit il disparaissait, et revenait au matin, qui sait d'où, avec une bourse ; et dans cette bourse, chaque fois se trouvaient mille dinars d'or. Lorsque la chambre fut pleine de ces bourses qui s'entassaient, j'ai pris mon courage à deux mains pour sortir, et j'ai acheté des terres, des fermes, des jardins, des esclaves et des chameaux, tout ce que l'on achète lorsqu'on a trop d'argent. Mais cela ne me réjouissait pas, Prince des Fidèles! Je suis un homme simple et modeste. Je restais allongé ou assis ; quand il y avait trop de bourses, les esclaves les rangeaient dans les coins pour qu'elles ne gênent pas le passage.

Un jour où j'étais paisiblement couché sur mon divan, le singe se mit à parler avec une voix humaine. Il m'interpella : « Aba Muhammad! » Je sursautai. Mais il ajouta tout de suite : « Ne crains rien. Je vais t'avouer maintenant qui je suis. Je ne suis pas un véritable singe. Je suis un djinn. Et je vais te donner un conseil. Habille-toi le plus richement possible, enfourche une mule à selle d'or et va te présenter au chérif Mouzaffar, comme s'appellent tous les descendants de Mahomet par sa fille Fatima. Tu lui demanderas la main de sa fille. S'il te la refuse, offre-lui mille dinars. S'il en exige mille de plus, donne-les lui. Donne-lui autant qu'il en exigera. Il finira bien par te donner sa fille comme épouse! »

Mais, ô Roi des Fidèles, j'étais fatigué d'avance, à la pensée de chevaucher une mule et surtout de ramener une femme chez moi. Avec les femmes on n'a que des ennuis, pensais-je. Mais le singe insistait, priait. J'étais ennuyé de discuter avec lui, et je ne savais que lui opposer comme argument sérieux. Je suis donc, pour finir, allé chez le chérif. Je lui ai demandé la main de sa fille. Il ne voulait pas me la donner. Je lui ai fait l'offre de mille dinars. Il en voulait mille de plus. Et encore mille autres. En fin de compte, je lui ai donné quatre mille dinars, et nous nous sommes mis d'accord. Le mariage aurait lieu chez lui, une semaine plus tard.

La semaine écoulée, je me préparai au mariage, quand le singe me dit : « J'ai une prière à t'adresser. Lorsqu'une fois marié, tu auras emmené la fille du chérif dans sa chambre, et que la nuit venue, elle se sera endormie, examine bien cette chambre. Tu y verras une petite porte. Ouvre-la, elle mène à un cabinet dans lequel tu entreras. Tu y verras un coffre de fer portant, à chaque coin, un écusson couvert d'inscriptions magiques. Sur le coffre même un coq blanc sera perché, attaché par la patte. A côté de lui, tu verras un couteau. Prends ce couteau, et coupe la gorge du coq. Ensuite tu déchireras les quatre écussons et tu renverseras le coffre. Telle est ma prière. L'exauceras-tu? »

Tout cela ne me disait rien qui vaille. Je ne me sentais pas le courage d'égorger ce coq, de déchirer les écussons et de renverser ce coffre. Mais le singe m'en a prié et supplié tant et si bien, que je n'ai pas pu le lui refuser.

Le mariage eut lieu. Et la jeune femme que j'avais épousée me plaisait beaucoup. Elle avait pris mon cœur. Alors la nuit est venue et ma femme s'est endormie. Je me suis rappelé la prière du singe. J'ai trouvé aisément la petite porte. Je me suis introduit dans le cabinet. J'ai coupé le cou du coq, déchiré les inscriptions sur les écussons, et renversé le coffre. Alors ma femme se réveilla et en constatant ce que j'avais fait, elle se mit à se lamenter. « Malheureux! Qu'as-tu fais? Maintenant, le méchant djinn va pouvoir m'enlever! » Elle avait fermé la bouche alors que le singe faisait irruption par la fenêtre de la chambre, enlevait ma femme et disparaissait avant que je sois revenu de ma stupéfaction. Le chérif arriva, alerté par le bruit. A son tour il se lamenta et me chassa.

Très malheureux, je suis retourné chez moi. J'errais dans la maison, le cœur lourd, plein de tristesse pour ma jeune femme. J'en oubliais ma paresse, je restai debout toute la nuit, et au petit matin je sortis de chez moi et de la ville ; j'allais à pied vers le désert, ne sachant dans quelle direction. Je marchais, je marchais.

Tandis que j'allais ainsi, soupirant, la tête basse, regardant tristement devant moi, je vis soudain deux serpents. Un brun et un blanc. Le brun était en train d'étouffer le blanc. Je ramassai une pierre et j'en frappai le serpent brun. Je l'ai tué. Le serpent blanc s'éloigna rapidement et moi, fatigué, je m'allongeai pour me reposer quelque peu. J'ai alors entendu une voix. Je regardai de tous côtés, mais je ne voyais rien. Personne. J'entendais la voix, mais ne voyais rien. Et la voix me demandait : « N'es-tu point Aba Muhammad le Paresseux? »

« Oui, c'est moi, » ai-je alors répondu. La voix a repris : « Aba Muhammad, je suis le frère du serpent blanc que tu viens de sauver. Il faut que tu saches que celui qui vivait chez toi sous l'aspect d'un singe est un mauvais djinn. Il voulait depuis longtemps la fille du chérif, ta jeune femme. C'est la raison pour laquelle nous, les bons djinns, nous avions installé dans le cabinet près de sa chambre toute une protection : le coffre magique avec des inscriptions dotées d'un grand pouvoir et le coq blanc formaient un talisman contre lequel le mauvais djinn ne pouvait rien. Seulement, sous la forme de singe, il a su te duper. Mais ne crains rien. Ton erreur peut encore se réparer. Mais cette fois, il ne te faudra plus être paresseux! Tu le promets? »

« J'en fais la promesse solennelle! » ai-je répondu avec fermeté, car je regrettais beaucoup ma jeune femme, et je commençais à me rendre compte que je ne la retrouverais pas sans effort. Comme j'aspirais à la retrouver!

« Bien, » dit la voix. « Maintenant, dirige-toi vers la montagne que tu vois là-bas, devant toi, dans le lointain. Quand tu l'auras traversée, tu découvriras la Ville Cuivrée. Approche-toi des remparts, arrête-toi là et attends. »

Je me suis remis en route, j'ai marché vers la montagne, je l'ai traversée, et suis arrivé devant les remparts de la Ville Cuivrée. Mais il n'y avait aucune porte dans l'enceinte. Je me suis arrêté, et j'ai attendu. J'ai alors entendu des cris et me trouvai soudain entouré d'étranges créatures avec des mains à la place habituelle des oreilles et les yeux sur la poitrine. Ces drôles de petits êtres me demandaient qui j'étais, et ce que je faisais là. Je le leur expliquais. Ils me répondirent : « Nous sommes les frères du serpent blanc. Ta femme se trouve dans la ville, avec le méchant djinn — nous ne savons rien de plus. Serais-tu encore trop paresseux pour la sauver? »

« Non, je ne le serai pas, » ai-je répondu, car en vérité elle me manquait infiniment.

« Bon, » dirent-ils tous ensemble. « Hâte-toi d'aller vers ce ruisseau, que tu vois là-bas. Ce ruisseau pénètre dans la ville, en le suivant tu y entreras aussi. »

J'obéissais sans hésiter ; en suivant le ruisseau j'ai atteint les fortifications, j'y ai trouvé un passage pour le cours d'eau. Je me suis glissé dans cette ouverture, me trouvant alors dans un petit tunnel voûté qui m'a mené, par-delà les remparts et le chemin de ronde, jusqu'au cœur de la cité. Je me retrouvais dans un parc, avec des arbres d'or qui portaient des fruits en perles et en pierres précieuses. Et au cœur du jardin, sur une couche moelleuse abritée d'un baldaquin de brocart, j'ai découvert, émerveillé, ma jeune femme qui avait un air rêveur et triste.

Son visage s'est illuminé de joie à ma vue, quand je me fus rapproché d'elle. En deux mots, je lui expliquais ce qui était arrivé et elle me dit : « Fais bien attention à ce que je vais te dire maintenant. Le méchant djinn, ce singe, est tellement amoureux de moi qu'il m'a confié ce qui pourrait l'anéantir. Ceux qui le peuvent, ce sont des djinns qui résident en cette ville. Mais ils n'obéissent qu'à celui qui découvrira leur talisman. Et ce talisman est dissimulé dans une colonne de marbre. Si tu frappes la colonne avec cette bague, elle s'ouvrira, te permettant d'accéder au talisman. » Elle me remit alors cette bague.

« Où se trouve cette colonne? » lui demandai-je. Elle me l'expliqua.

« Et quel est le talisman? » ai-je encore voulu savoir, pour ne pas commettre d'erreur.

« C'est une statue représentant un aigle. Il y a une inscription magique sur le socle de cette statue. Tu saisiras l'aigle de pierre de la main gauche, tandis que tu auras installé à tes pieds un brasero avec de la braise incandescente. De la main droite, tu laisseras tomber de l'encens sur la braise. La fumée odorante qui s'en dégagera attirera auprès de toi les djinns éparpillés dans la ville. Ils se rendront visibles à tes yeux, et seront à ton service. Et toi, je suppose que tu sais ce que tu dois leur ordonner! »

Je me suis aussitôt mis en quête de la colonne de marbre, et j'ai fait tout ce que ma jeune femme m'avait indiqué, comme elle me l'avait ordonné. Tout ce qu'elle avait annoncé s'est alors accompli. Les djinns de la Ville Cuivrée accoururent pour me rendre service. Je leur ordonnai : « Trouvez-moi le méchant djinn qui a l'apparence d'un singe, celui qui a enlevé ma jeune épouse. Ligotez-le et amenez-le ici. » J'avais à peine fini d'exprimer mon désir que déjà ils me l'amenaient. Je leur ordonnais de le garder, tandis que je retournais auprès de ma femme. Je lui dis, tout bas : « Je ne pensais plus qu'à te retrouver. Et toi? Veux-tu venir avec moi? »

« Bien sûr, quelle question! » murmura-t-elle, avec un très doux sourire.

Nous sommes alors partis, en suivant le ruisseau et le passage souterrain ; nous nous retrouvâmes bientôt hors de l'enceinte de la Ville Cuivrée et, sans tarder, nous prîmes la route du retour vers Bassora. Je ramenais la statue de l'aigle. Et bien m'en prit, comme tu vas le voir, ô Seigneur maître de tous le Fidèles! Un jour que je me reposais chez moi, je pris la statue de la main gauche, et de la droite j'émiettai un peu d'encens sur la braise de la chaufferette qui se trouvait à mes pieds. Tous les djinns de la Ville Cuivrée accoururent et je leur ordonnai : « Apportez-moi ici tout l'or et toutes les pierres précieuses qui se trouvent dans la Ville Cuivrée. Apportez tout l'argent, toutes les perles, les bijoux, les brocarts tissés d'or, toutes les richesses de la ville! » Ils m'ont tout apporté. Parmi tous les trésors de la Ville Cuivrée, il y avait cette pierre précieuse plus grosse que tout ce qu'on a pu voir auparavant. Daigne ton épouse la recevoir favorablement, ô noble Seigneur, Prince de tous les Fidèles!

— Je n'en doute point, mon jeune ami ; elle va l'accueillir avec le plus grand plaisir! dit le calife Harun al-Rachid. Tu m'as rendu un grand service, mon cher Aba Muhammad. Sans toi, je n'aurais pas découvert cette pierre unique au monde.

— Et le singe, qu'est-il devenu?

— Sur mon ordre, répondit Aba Muhammad le Paresseux, les djinns de la Ville Cuivrée l'ont amené ligoté ; je l'ai introduit dans une jarre à huile. J'ai bien bouché le goulot à la cire et au plomb fondu. Il ne risque pas d'en sortir, et il y restera pour l'éternité.

Enfin le calife se leva, permettant ainsi à son hôte de se retirer.

— Merci beaucoup pour ton cadeau, mon cher Aba Muhammad. Sois heureux, et profite bien de tes richesses!

— C'est moi qui te remercie, ô Calife! répondit Aba Muhammad le Paresseux.

— Toi? Et de quoi me remercies-tu? s'étonna alors le calife.

— De m'avoir reçu si aimablement, et de t'être entretenu avec moi de façon fort amicale et plaisante. Vois-tu, ô Calife, je suis un homme modeste, un homme simple. Etre riche, ne me réjouit pas tellement. Une conversation amicale et agréable me fait bien plus plaisir. Si d'aventure tu avais le cœur lourd, ô Prince des Fidèles, ou si tu avais trop de difficultés à supporter, fais-moi appeler par l'un de tes émissaires. Je viendrai, et nous causerons.

Puis Aba Muhammad se retira du palais, reprit place dans sa litière et, entouré de son cortège, il reprit le chemin de Bassora. Il donna l'ordre de ne pas flâner en route, mais d'aller bon train. Car il désirait retrouver vite sa jeune femme.

— La faim! On peut même en mourir… soupirait le mendiant, dans l'après- midi du huitième jour du ramadan, alors que, selon leur habitude, les hommes étaient rassemblés, assis ensemble devant la petite auberge, attendant le coucher du soleil.

— De soif aussi, on peut mourir! répliqua le chamelier, fort de ses traversées du désert.

— Pour apaiser la soif, rien ne vaut l'eau sucrée avec un peu de jus d'oseille, dit le berger, rêveur.

— Ou avec du citron, ajouta le savetier.

— Moi, quand j'ai soif, je préfère un fruit juteux, déclara le tailleur. Ils se mirent tous à parler de pommes et de poires, d'abricots et de pêches. Mais ceci n'apaisait pas la soif. Au contraire, ils la sentaient toujours un peu plus. Ils finirent par se taire, gardant tristement la tête penchée.

Le scribe s'adressa alors au saltimbanque le plus âgé :

— Raconte-nous encore une histoire.

— Qu'un autre raconte quelque chose aujourd'hui. Moi, je n'en ai pas envie, répondit l'interpellé. Bâillant à se décrocher la mâchoire, il ajouta : — J'ai plutôt envie de dormir.

— Si vous me donnez trois dinars, je vous raconterai une belle histoire! proposa alors le jeune comédien.

— C'est bien, tu auras trois piécettes de cuivre, dit le pêcheur en acceptant la proposition.

Pendant ce temps-là le soleil déclinait et le jeune saltimbanque se mit à raconter la quatrième histoire…

LE SAVETIER ET LES TROIS VOLEURS

LE SAVETIER ET LES TROIS VOLEURS

43

Ahmed, savetier de village, décida un jour d'offrir un bon repas à ses amis.

La bourse bien garnie, il s'en est allé au marché, à la ville voisine.

Chez le marchand de volaille et d'animaux domestiques vivants, il a acheté un bel agneau bien gras et, tout joyeux, il s'en est retourné vers son village.

Il se réjouissait à l'idée du savoureux couscous qu'il offrirait à ses convives. Jamais il n'avait eu l'occasion de rôtir un aussi bel agneau. Et comme il l'avait eu à bon compte, il s'en réjouissait en marmonnant dans sa barbe.

Ainsi bavardant tout seul, il s'en allait, tenant son compagnon au bout d'une ficelle ; il ne se fâchait jamais, prenant le temps comme il vient, toujours d'humeur égale, dans les bons comme dans les mauvais jours. Il vivait d'une façon qui devait plaire à Allah, le Tout-Puissant. Sur son chemin, à l'endroit où il devait passer pour rentrer chez lui, trois voleurs guettaient son passage. En le voyant arriver de loin, ils décidèrent d'un stratagème pour lui dérober son agneau. Deux des voleurs se dissimulèrent, tandis que le troisième se dressait devant Ahmed et l'interpellait en ces termes :

– Irais-tu vraiment à la chasse en cette saison? demanda-t-il, l'air extrêmement surpris.

– Quoi? Pourquoi me demandes-tu cela? dit le savetier interloqué. Il ne comprenait pas cette question.

– Mais, tu tiens un chien en laisse, un chien de chasse, même. Et avec un chien de chasse, est-ce que l'on ne va pas à la chasse?

– Quel chien? De quel chien veux-tu parler? Je n'ai pas de chien. Je ne rapporte que cet agneau du marché.

– Un agneau? Mais c'est un chien! Il a des poils de chien, et des crocs dans la gueule. Tu ne vas pourtant pas prétendre que je ne sais pas ce que c'est qu'un chien? insista le voleur.

Ahmed, haussant les épaules, n'y prêta pas plus d'attention et poursuivit sa route. Il se disait : « Un fou, sans doute. Je n'ai pas de temps à perdre avec lui. »

Mais, un peu plus loin, le deuxième voleur l'attendait, et lui cria, dès qu'il le vit :

– Ignores-tu qu'un nouveau décret oblige à mettre une muselière aux chiens, car il y a des cas de rage dans le pays?

– Qu'est-ce que j'ai à voir avec cela? rétorqua Ahmed, fort surpris. Je tiens un agneau en laisse, et non pas un chien.

– Mais non! C'est un chien que tu tiens en laisse et il n'a pas bonne mine. On dirait bien que la rage le travaille. Prends bien garde, surtout qu'il n'aille pas te mordre!

— Occupe-toi de ce qui te regarde, et laisse-moi tranquille. Allons, laisse-moi passer ou tu tâteras de mon bâton! Ahmed d'ordinaire si calme, commençait à se fâcher.

Le voleur ne fit que rire. Il haussa les épaules et se retira.

Ahmed poursuivait sa route, mais l'idée que son agneau devait ressembler à un chien ne cessait de lui trotter dans la tête. « Pourquoi les gens voient-ils un chien? C'est pourtant un agneau comme tous les agneaux. Mais — si pourtant un méchant djinn m'avait ensorcelé, et si je voyais un chien sous l'aspect d'un mouton? Si je tenais vraiment un chien en laisse? Ce serait une honte au village! Ne pas faire la différence entre un agneau et un chien! Peut-être que je rencontrerai encore quelqu'un, avant d'arriver. Je l'interrogerai, et il me faudra bien croire ce qu'il me dira. »

Bientôt le troisième voleur se montrait, à un détour du chemin. Ahmed, au bord du désespoir, l'interrogea :

— Je te prie, mon ami, dis-moi quelle bête je mène au bout de cette corde?

— Par Allah! Tu ne reconnais pas un chien? Tu tiens un chien en laisse, et l'on peut dire que c'est un fameux mâtin! Je n'en ai point vu de pareil depuis longtemps, répond le troisième larron d'un air convaincu.

— Un chien! Je deviendrai fou. Tu es le troisième qui me dit que je tiens un chien en laisse. Et moi, j'ai acheté un agneau. C'est terrible — voilà que je ne puis même plus en croire mes yeux, Ahmed se désolait. Et l'autre ajouta :

— Et que comptes-tu faire de ce chien? Tu ne veux pas en faire un gardien? Ces chiens-là, aux oreilles pendantes, sont des chiens de chasse. J'en ai un jour vu toute une meute. Et quel vacarme ils faisaient! Ce sont des bons chiens, mais pour la chasse ; ce ne sont pas de bons chiens de garde.

Ahmed était perplexe. Comment un honnête marchand lui aurait-il vendu un chien en guise de mouton? En ce cas, le mieux était d'aller le lui reporter. Il irait s'acheter un vrai jeune mouton et, après avoir régalé ses amis, il irait se plaindre au cadi.

Tout en bougonnant Ahmed marchait maintenant en sens inverse, retournant vers le marché de la ville. Mais il n'alla pas loin. Le chemin montait, il faisait chaud et, l'agneau commençait à boitiller de fatigue. Ahmed se sentait bien las. Il s'assit à l'ombre d'un arbre pour prendre quelque repos. Le sommeil ne se fit pas longtemps attendre.

C'est ce qu'attendaient les voleurs. Ils n'avaient pas perdu Ahmed de vue. En constatant qu'il s'est endormi, ils s'approchent à pas de loup, et échangent l'agneau contre un chien errant qu'ils avaient capturé à cette intention. Puis ils se sauvent vite, emportant leur capture.

Mais le chien impatienté d'être attaché auprès d'un dormeur, se met à aboyer et à hurler.

Aussitôt Ahmed se réveille. « Par Allah, que vois-je?» s'écrie-t-il, au comble du désarroi. Il se frotte les yeux. Mais ses yeux voient un chien? « Un chien! C'est vraiment un chien! Je ne peux le nier, ces braves gens avaient raison. Je me suis trompé, en guise d'agneau, j'ai bel et bien acheté ce chien, cette bête vieille et sale! Mais pourquoi le marchand m'a-t-il trompé? Nous nous connaissons depuis logtemps, je ne lui ai jamais fait le moindre tort. Je vais aller le trouver tout de suite. Je lui réclamerai un vrai mouton! Quant à cette sale bête, il peut la garder, je n'en veux point! »

Mais le marchand ne veut rien entendre :

– Mais Ahmed, qu'est-ce qui te prend? C'est un agneau que je t'ai vendu! Et c'était la plus belle pièce de toutes celles que j'avais à vendre! Ibrahim le boucher et Mustafa le tailleur te le confirmeront. Ils en témoigneront, et c'est bien mal à toi de venir ainsi accuser ton vieil ami. Quelqu'un t'a trompé, s'est moqué de toi, et c'est moi, un honnête homme qui devrais en subir les conséquences?

Que reste-t-il à faire à notre pauvre savetier? Il présente ses excuses au marchand, lui achète un autre petit mouton et se hâte de regagner son village.

Cette fois les voleurs ne se sont pas occupés de lui. Ils l'ont laissé tranquillement passer sa route, car ils savent qu'ils ne pourraient le leurrer une deuxième fois. Ahmed arrive sans nouvel encombre chez lui, avant la nuit tombée.

A l'heure du dîner, quand les hôtes arrivent, le couscous est sur la table. Et quel couscous! Ils s'en sont tous régalés, disant que jamais ils n'ont goûté couscous si savoureux.

Ahmed, heureux de voir ses invités satisfaits, en oublie les trois voleurs et sa mésaventure.

– Et si on faisait une partie d'osselets, aujourd'hui? propose, le jour suivant, le plus jeune des deux saltimbanques, pensant qu'avec un peu d'adresse, il gagnerait plus que les trois sous de cuivre que les autres lui avaient donnés pour l'histoire racontée.

— Jouer aux osselets est interdit, lui fit remarquer le scribe. L'archer municipal te fera mettre au cachot, s'il te voit jouer.

— Je me moque de l'archer municipal, dit le jeune comédien, d'un ton moqueur.

— Tiens donc ta langue! répliqua son père, inquiet à l'idée de voir son fils prononcer de telles paroles. Et il ajoute vite : inutile de discuter de ce que nous allons faire. Je vous ai réservé une histoire pour cet après-midi.

— Voilà qui est plus raisonnable, approuve le scribe. Et quelle histoire vas-tu nous raconter?

— Celle du stupide capitaine des archers, dit le conteur, en ne pouvant s'empêcher de rire.

Déjà le soleil descend vers l'ouest, du côté du lointain désert de Libye. Et le vieux comédien ambulant se met à raconter la cinquième histoire.

LE CAPITAINE DES ARCHERS ÉTAIT STUPIDE

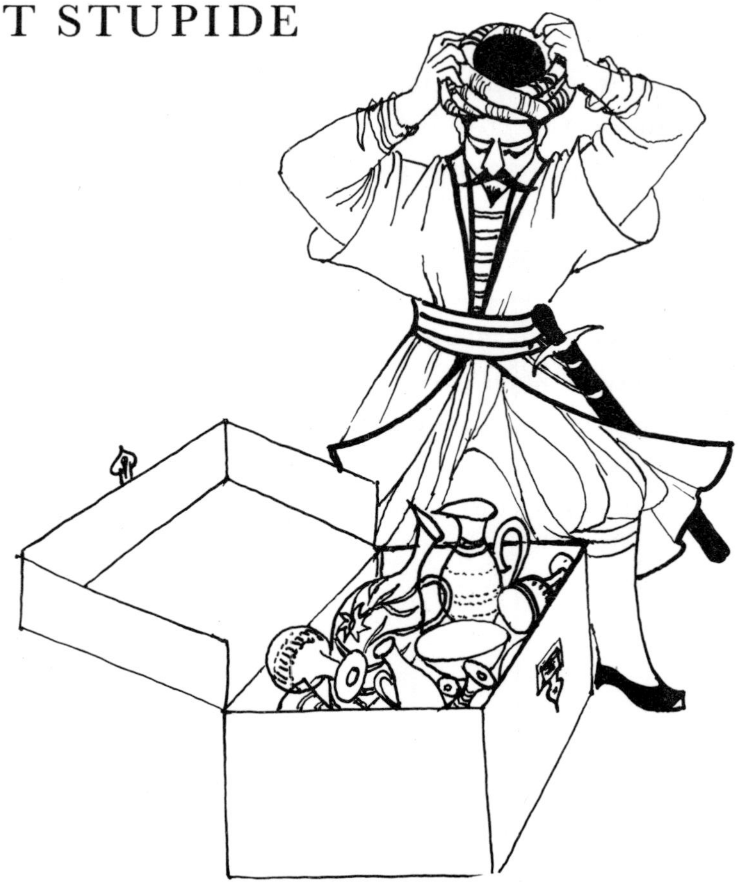

LE CAPITAINE DES ARCHERS ÉTAIT STUPIDE

47

En ce temps-là, vivait au Caire un puissant chef des archers de ville. Il était puissant, mais il avait beaucoup de dettes. Son déficit s'élevait, au total, à trois cent mille dinars. Et ses créanciers le harcelaient chaque jour un peu plus. Ils voulaient être remboursés.

Il vendit tout ce qu'il possédait, puis il fit le compte de ce que ces ventes lui avaient rapporté. Cent mille dinars. Et il en devait trois cents. Il ne lui restait que sa maison vide, un unique serviteur, et une seule épée, celle du chef des archers de ville. Pas moyen de rembourser les dettes! Angoissé, il se promenait dans sa maison vide, n'ayant même plus de quoi s'allonger ou s'asseoir : il avait vendu tous les sièges, les divans, les coussins, les tapis.

Une nuit, où il erre dans la maison, ne pouvant trouver le sommeil à cause de toutes ces dettes, on frappe à la porte.

– Va voir qui est là, ordonne-t-il à son serviteur.

Le serviteur va voir, et revient aussitôt, l'air effrayé. Il tremble, ses dents claquent de frayeur.

– Qu'est-ce que tu as vu? lui demande le chef des archers. C'est un créancier?

– Ce n'est pas un créancier, mon maître, c'est pire, se lamente le domestique. Il y a quelqu'un devant la porte, presque nu, qui tient une épée en main et un couteau brille à sa ceinture. Et derrière lui se tient une troupe de jeunes gens tout aussi effrayants. Et ils te réclament.

Le chef des archers empoigne son épée et se rend devant la porte. Un chef des archers de ville doit veiller au maintien de l'ordre dans la cité, il doit s'assurer qu'aucune personne dangereuse ne se promène de nuit dans les rues. Décidé, épée au poing, notre chef sort sur le seuil de sa maison. La troupe est toujours là. Sur un ton sévère il leur demande qui ils sont.

– Nous sommes des voleurs, lui répondent-ils, comme s'il n'y avait rien d'étrange à cela. Nous sommes des voleurs, et cette nuit nous avons pris un butin sensationnel. Comme nous savons que tes affaires vont mal et que tu es criblé de dettes, nous sommes venus t'offrir notre prise. Accepte-la, et avec ça tu pourras payer tes dettes.

Tout interdit, le chef des archers se met à peser le pour et le contre et finit par demander :

– Et où est-il, ce butin?

Les voleurs apportent alors un coffre énorme, très lourd. Ils l'ouvrent, faisant apparaître quantité de vaisselle d'or et d'argent.

Le chef des archers ouvre de grands yeux devant le trésor. Son cœur bondit dans sa poitrine. Il se dit : « Avec ça, je pourrai payer toutes mes dettes, et il m'en restera encore autant! » Ses hésitations ont disparu :

— Transportez ce coffre dans la maison, ordonne-t-il d'un ton de chef aux voleurs.

Et les voleurs s'exécutent de bonne grâce.

« Ils sont idiots, ces voleurs, » se dit le chef des archers. « Ce serait peut-être convenable de leur donner quelque chose ; pour un tel trésor, je devrais leur donner au moins les cent mille dinars que j'ai en caisse. Au moins, le geste aura de l'allure, et je gagnerai encore pas mal d'argent. » Et il leur donne les cent mille dinars en les remerciant de leur bonne action! Les voleurs aussi le remercient et se sauvent en hâte, l'air satisfait. Le chef des archers, lui aussi, est satisfait. Il est content d'avoir si aisément gagné de quoi payer ses dettes, et il se moque un peu des voleurs.

Mais le lendemain, il n'est plus aussi satisfait ; il ne se moque plus des voleurs, il se lamente, il s'arrache les cheveux! En ouvrant le coffre à la lumière du jour, il constate qu'il ne contient pas de la vaisselle d'or ni d'argent, mais des plats et ustensiles de cuivre et d'étain. Ce trésor représente au maximum cinq cents dinars! Ainsi donc, il n'a pas gagné de quoi payer ses dettes, mais il se retrouve avec encore moins d'argent qu'il n'en avait...

Le lendemain, lorsque les hommes furent une fois de plus rassemblés en attendant l'heure de dîner, le scribe était encore irrité par l'histoire de la veille.

— Ce n'est pas convenable de médire des autorités, disait-il, courroucé. Par exemple, raconter l'histoire du rossignol et de l'empereur, serait mille fois plus convenable, surtout en période de ramadan. J'offre quatre sous de cuivre à celui qui racontera une histoire concernant un oiseau.

— Et s'il y a deux oiseaux dans l'histoire, tu donneras huit piécettes? demande, fort intéressé, le plus jeune des deux bateleurs.

— Six, accorde le scribe. Mais s'il n'y a rien contre les archers, et encore moins contre les scribes!

Sur ces paroles, les deux bateleurs rient sous cape. Ils n'en pensent pas moins. Le plus jeune calcule déjà qu'avec six pièces de cuivre, il pourra tant bien que mal faire manger sa famille ce soir, et il se met à raconter cette histoire.

L'OISEAU BLANC ET L'OISEAU NOIR

L'OISEAU BLANC ET L'OISEAU NOIR

Il y a très, très longtemps, vivait une belle princesse. Pour se distraire, elle avait acheté à un marchand inconnu, sept graines de misère. Et elle les avait plantées dans des pots, installés sur la terrasse du palais royal.

Peu de temps après, les graines poussaient, et se développaient en plantes admirables aux fleurs splendides, délicieusement parfumées. Chaque jour, la princesse passait de longues heures sur la terrasse, à se délecter les yeux et les narines, près de ces fleurs charmantes.

Mais un matin, alors qu'elle arrive sur la terrasse, elle se fige d'horreur. Deux oiseaux, un blanc et un noir, sont en train deR picorer dans les pots de fleurs, et celles-ci sont toutes cassées. Ne sachant comment faire fuir ces oiseaux importuns, la princesse leur jette la première chose qui lui vient sous la main, sa bague d'or, en guise de caillou.

Les oiseaux attrapent la bague, et s'envolent. Où? La princesse l'ignore. Vite, elle se met à soigner ses plantes. Tout le jour, elle craint de voir se faner complètement les fleurs, et elle les soigne de son mieux. Durant la nuit, les plantes sont bien revenues à elles et au matin du lendemain, la princesse les trouve encore plus belles, plus fraîches, plus odorantes que jamais, aux rayons du soleil levant.

Mais elle n'a pas le temps de jouir à loisir de cette splendeur retrouvée. Soudain elle entend un bruissement d'ailes, et voilà une fois de plus les oiseaux dans les pots de fleurs, qu'ils saccagent. La princesse veut les chasser ou les attraper, mais elle ne sait comment. Alors elle arrache le diadème qui orne son front et le jette vers les oiseaux. Ils saisissent le joyau dans leur bec, et s'envolent en l'emportant. La princesse est encore plus triste que la veille.

Mais au cours de la nuit les fleurs se sont redressées, de nouveaux boutons sont éclos, et le parfum des fleurs fraîches enchante le cœur de la princesse. Seulement, ce matin-là aussi les oiseaux sont arrivés, le noir et le blanc. Et ils ont encore abîmé les fleurs. Ils se sont envolés quand la pauvre princesse leur a jeté sa broche d'or et de diamants.

Chaque matin, la princesse devait défendre ses chères fleurs contre les attaques des oiseaux, et leur jeter un bijou. Mais elle tomba vite malade, très malade.

Elle demanda alors à ses parents l'autorisation de réunir autour de sa couche toutes les femmes de la ville.

– Que chacune d'elles me raconte ses malheurs. Je veux savoir s'il y a une femme dont la douleur et la souffrance excèdent les miennes.

Le vœu de la princesse fut exaucé. Toutes les femmes, les jeunes filles et les veuves se rassemblèrent dans sa chambre à coucher. Mais aucune d'elles n'a pu intéresser la princesse à son récit. Elle se disait : « Pas une seule femme n'a souffert autant que moi, en cette ville. »

Quand toutes les femmes furent parties, arriva une jeune esclave noire, que les gardes royaux avaient mis assez longtemps à trouver. La petite esclave se mit à raconter :

– Hier soir, je lavais du linge au bord de la rivière. Soudain je vois arriver un chameau, tout seul, sans chamelier. Sur son dos, il portait de la vaisselle et divers ustensiles de cuisine. Il s'est arrêté au bord de l'eau. Et d'un seul coup, comme si des mains invisibles s'étaient mises à l'ouvrage, plats, assiettes et couverts sont allés à l'eau, s'y sont lavés, récurés, essuyés, puis sont allés se rempiler sur le dos du chameau. Et pas le moindre être humain n'était là. J'étais intriguée, je voulais savoir ce qui se cachait derrière tout cela, alors je me suis agrippée à la queue de cet étrange bête.

Le chameau a traversé la rivière à gué, d'un pas lent, jusqu'au pied d'une grande montagne. La montagne a tressailli, les rochers se sont écartés, et nous nous sommes trouvés devant le portail d'un magnifique château. Je me tenais toujours à la queue du chameau. La grande porte s'est ouverte toute seule, et nous sommes entrés dans une vaste cour.

J'eus alors la grande surprise d'entendre parler, sur le dos du chameau, des gens que je ne voyais pas, des êtres invisibles! « Allons, viens, descendons! » disait le premier. « Descends d'abord, » répondait l'autre, « je sauterai immédiatement après toi. »

Prudemment, j'ai lâché la queue du chameau, et j'ai suivi à l'oreille, les êtres invisibles. Ils sont entrés dans le château. Nous nous sommes retrouvés dans une salle voûtée, ornée de vaisselle d'or et d'argent soigneusement rangée le long des murs.

Deux oiseaux ont alors fait leur entrée. L'un, tout blanc, l'autre tout noir. Ils ont plongé dans un bassin qui se trouvait au centre de la salle, et s'y sont longuement baignés et lavés. Ils ont plongé en tant qu'oiseaux, et ils en sont sortis sous une forme humaine.

L'un des deux oiseaux était devenu un beau prince revêtu d'un manteau splendide, et l'autre, était son serviteur noir. Tous deux sont passés dans la salle contiguë. Je les ai accompagnés. Ils se sont installés devant une table richement garnie de mets et de boissons choisis. Après avoir mangé, le prince demanda à son serviteur noir de lui apporter le coffret d'ébène contenant ses joyaux les plus précieux.

La première chose qu'il a sortie de la cassette est une bague d'or. Le prince l'examina, le regard attendri, un long moment, puis il a dit : « Elle m'a jeté cette bague pour se débarrasser de moi. Pourquoi ne puis-je me marier avec elle? »

Ensuite il a retiré du coffret une broche d'or, et d'autres bijoux, sur lesquels son regard triste s'attardait. Il s'adressait à chacun d'eux, les larmes aux yeux. Il disait : « Quel beau corps élancé est le sien! Quel visage enchanteur! Comme je voudrais chanter pour elle, lui dire des poèmes d'amour. Et sa bouche, douce comme miel, et ses yeux! Quelle main divine a modelé ses jolies mains? Tout m'enchante en elle, tout me plaît. Comme je serais heureux avec elle! »

L'esclave noire a alors poussé un profond soupir, faisant une pause dans son récit, puis elle a poursuivi :

— J'ai passé toute la nuit dans ce château mystérieux. A l'aube, les récipients sont allés se placer sur le dos du chameau, et discrètement je suis allée me raccrocher à la queue de la grosse bête. Nous sommes sortis du château, nous avons atteint le rivage du fleuve, et nous l'avons paisiblement traversé à gué. Tout le linge que j'avais laissé au bord de l'eau s'y trouvait encore, au même endroit. Ce n'est qu'une fois revenue sur cette rive que j'ai appris, Princesse, qu'il me fallait venir auprès de toi pour te raconter mes ennuis. A vrai dire, je n'ai point de graves malheurs dignes d'intérêt, c'est pourquoi j'ai choisi plutôt de te parler des souffrances et du chagrin de ce prince énigmatique.

— Et je te remercie infiniment de ton histoire, lui répond la princesse. Tu ne sais pas à quel point elle m'intéresse! Dès l'aurore, demain, viens au palais. Tu me conduiras au bord de la rivière, à l'endroit où d'habitude tu vas laver le linge.

Dès le lever du jour, le lendemain, la princesse se rend, avec l'esclave noire, au bord de la rivière. Bientôt elles voient arriver le chameau chargé de toute la vaisselle sur son échine. Quand les mains invisibles eurent fini de laver tous les plats, pots et récipients divers, les deux jeunes femmes se sont fermement accrochées à la queue du chameau, et sont ainsi parvenues à l'intérieur du château mystérieux, sans se faire remarquer.

Dans ce palais de rêve, tout s'est passé exactement comme la veille. Mais au moment où le prince soulevait le couvercle du coffret d'ébène, des éclats de rire joyeux en sont sortis. Interloqué, le prince s'est adressé aux bijoux, et leur a demandé :

« Bijoux, ô mes chers joyaux, pourquoi riez-vous aujourd'hui? »

« Parce que notre maîtresse est arrivée! » répondent en chœur les joyaux.

Mais le prince n'a pas compris le sens de leur réponse. Déjà il penche sa tête, plongé dans le chagrin et les souvenirs pénibles ; déjà il se met à se plaindre :

« Ah! Si elle était ici, avec moi! Mais pourquoi ne m'aime-t-elle pas autant que je l'aime? »

En entendant cela, la princesse ne pouvait plus garder le silence. Elle s'est levée et, accourant vers le prince :

– Mais elle aussi, Prince, elle aussi, elle t'aime!

Et elle lui tomba dans les bras.

De bonheur, les deux amoureux pleuraient. Quand ils se furent un peu calmés, ils décidèrent de la date du mariage.

Au onzième jour du mois du ramadan, ils se retrouvèrent tous assis, attendant le coucher du soleil ; ils s'entretenaient de ce qu'ils avaient mangé la veille, après la journée de jeûne.

— J'ai mangé des côtelettes de mouton aux carottes, dit le savetier.

— Moi, des boulettes de viande hachée aux épinards, dit le paysan.

— Et toi? demande le scribe au plus âgé des deux saltimbanques.

— Une crêpe, répond l'autre.

— Une crêpe de pâte à l'œuf? Avec du sucre? Du miel? Cuite au beurre? insiste le scribe.

— Une crêpe de pâte ordinaire, avec de la farine et de l'eau, dit le saltimbanque. Une crêpe cuite telle quelle sur le feu.

— Moi, je ne mangerais pas ça, se rengorge le scribe.

— Et comment, que tu mangerais ça! dit le saltimbanque. Il est des cas où tu donnerais même un œil, pour recevoir une seule crêpe de farine et d'eau! Tu ne me crois pas! Tends bien l'oreille, écoute!

Il entreprit alors de raconter la septième histoire.

LE PUITS COMBLÉ

Sur la route du Caire, à douze milles de la ville, vers l'est, se trouve un puits comblé et tout près, un vieil arbre desséché. Le puits contenait de l'eau dans le temps, mais il a été comblé ; je vais vous raconter comment.

Un jour deux hommes se rendaient de la ville de Gaza au Caire. L'un s'appelait Moussine, l'autre Moussa. Ils étaient pauvres, ils marchaient à pied. Chacun portait un sac de farine et une cruche d'eau. Dès que le soleil se couchait, ils cherchaient chacun une pierre plate, y versaient un peu de farine, mouillaient cette farine avec l'eau de leur propre cruche, pétrissaient une pâte, en faisaient une galette. Ils ramassaient alors quelques brindilles, faisaient un petit feu, et chacun cuisait sa galette sur la pierre chauffée par son feu. Puis ils mangeaient, chacun de son côté.

Au bout de quelques jours Moussa dit à Moussine :

— Frère Moussine, puisque le destin nous a réunis, il ne convient pas que chacun agisse pour soi, comme s'il n'avait pas confiance en l'autre. Tu sais ce que je propose? Nous allons d'abord faire nos galettes avec la farine de ton sac, les deux ensemble. Quand ton sac sera vide, nous utiliserons le mien.

— D'accord, accepta Moussine. Et ils puisèrent dans son sac de farine pour pétrir leurs galettes.

Ils étaient à peu près à mi-chemin entre les deux villes quand le sac de Moussine fut vide. Déjà le soleil descendait à l'horizon, les deux hommes trouvèrent une pierre plate, Moussa dénoua son sac, en sortit une poignée de farine qu'il plaça sur la pierre à pétrir, puis referma son sac. Il mouilla la farine pour en faire de la pâte, forma de cette pâte une galette, mit sa galette à cuire et puis y mordit à belles dents.

Moussine, interloqué, le regarde faire, puis il lui dit :

— Dis-donc, frère, et moi?

— Toi, rien, rétorque Moussa. Tu as de la farine? Non? Alors va te coucher.

— Mais j'ai faim! se plaint Moussine.

— Je regrette, coupe Moussa.

— Enfin, donne-moi ma demi-galette! insiste Moussine.

— Je te donnerai une demi-galette, mais pour ça je te crèverai un œil.

Dans de telles conditions, Moussine s'allongea et s'endormit avec sa faim.

Au bout de trois jours, il mourait littéralement de faim. Alors quand Moussa eut cuit sa galette, Moussine, n'y tenant plus, dit à son compagnon de route :

— Que faire, frère, je meurs de faim. Autant vaut-il perdre un œil et garder la vie. Donne-moi une demi-galette, et crève-moi un œil si tu veux!

Et Moussa la lui donna, mais il lui creva un œil!

Il n'a pas fallu beaucoup de jours pour que tout recommence. Moussine, de faim, ne tenait plus sur ses jambes. Moussa lui a donné à manger, mais lui a piqué le deuxième œil de la pointe de son couteau!

Mais déjà ils ne sont plus qu'à onze milles du Caire. Moussine, l'aveugle, tient Moussa par la manche, pour ne pas perdre sa direction. Cela agace Moussa, cela ralentit sa marche. Alors il a conduit l'aveugle auprès d'un puits qui se trouvait au bord du chemin, et il l'a jeté dedans. Moussine est tombé au fond.

– Allah a créé les imbéciles pour que les gens intelligents s'amusent, se moque alors le méchant Moussa, qui poursuit sa route.

Moussine était au fond du puits, avec de l'eau jusqu'au cou. Pas moyen de s'en sortir! La nuit était tombée, mais il n'en percevait que le silence.

Cette nuit-là, deux mauvais djinns avaient rendez-vous à ce puits. Il y avait longtemps qu'ils ne s'étaient pas rencontrés. Ils se sont assis sur la margelle du puits, et se sont mis à se raconter leurs vies.

– Qu'est-ce que tu deviens, toi, petit frère? demande le premier djinn au second.

– Cela peut aller, répond l'autre. Je me suis organisé une bonne petite distraction.

– Quel genre de distraction? interroge le premier djinn, curieux.

– Je hante la fille du sultan, dit le deuxième djinn, en se rengorgeant. Je la possède du crépuscule du matin au crépuscule du soir, et je lui torture l'âme. C'est vraiment un jeu amusant, vieux frère! Et cette jeune fille ne pourra jamais se débarrasser de moi. Je resterai en elle, tant qu'elle sera vivante. Déjà j'ai hâte de voir se lever le jour.

– Mais on pourrait te chasser, l'exorciser, fait remarquer le premier djinn.

– Il n'y a pas d'exorcisme pour ça, se vante encore l'autre.

– Mais si, il existe un charme qui peut délivrer la jeune fille de ta présence, lui explique le premier. Si l'on égorgeait un coq noir devant ses yeux, tu serais chassé de son corps et tu ne pourrais plus jamais y rentrer. Mais il faudrait que cela se passe un samedi.

– Possible. Mais ils ne le trouveront pas, ce moyen! Les gens sont trop bêtes, ils ne trouvent jamais rien, dit le deuxième djinn, avec un geste d'adieu de la main.

– Tu as raison, petit frère! dit le premier djinn. Par exemple, les gens n'ont jamais trouvé le secret de cet arbre, qui pousse contre le puits. Ses feuilles sont miraculeuses. Si un aveugle passait par ici, il suffirait qu'il se frotte les yeux avec deux petites feuilles, et il retrouverait la vue. Mais ce n'est pas nous qui allons le proclamer!

– Cela ne nous viendrait pas à l'idée, dit l'autre qui déjà s'éloigne. Au revoir! Déjà pointe l'aube. A bientôt, dans un an!

– Dans un an et un jour, confirme le premier djinn. Et ils s'éloignent, disparaissant chacun de leur côté.

Le jour s'était levé. On était au matin. Une caravane passait par là, et les caravaniers avaient soif. Ils ont fait descendre un seau dans le puits, et Moussine s'est accroché à la corde à laquelle le seau était suspendu. Les gens l'ont ainsi sorti de sa pénible situation. C'étaient de bonnes gens, ils lui ont donné à manger, puis après s'être refait quelque force il leur a demandé :

– Bonnes gens, n'y a-t-il pas un arbre ici, tout contre le puits?

– Si, ont-ils répondu.

– Allah soit loué! s'exclame alors l'aveugle. Bonnes gens, je vous en prie, menez-moi à cet arbre!

Les caravaniers ont conduit Moussine au pied de l'arbre. Il étendit le bras pour en saisir des feuilles ; il en arracha deux, les froissa dans ses mains et les appliqua sur ses paupières. A l'instant même, ses yeux furent guéris. Moussine y voyait comme auparavant!

– Gloire à Allah! criait-il en exécutant des pas de danse. Il cueillit alors autant de feuilles qu'il pouvait en caser sous sa chemise. Puis il reprit sa route vers le Caire.

Arrivé à la ville, il rechercha le plus grand marché. Une fois arrivé au souk, il loua pour deux sous un gamin, qui devait marcher devant lui en tapant à coups de bâton sur une poêle rouillée : – Un grand docteur est arrivé! Un fameux docteur est arrivé au Caire! C'est le vrai docteur-miracle qui guérit la cécité!

Les gens sont arrivés en foule, et Moussine a apposé ses feuilles miraculeuses sur les yeux des aveugles ; eux, revoyaient comme autrefois. Ils remerciaient vivement leur guérisseur, et le rétribuaient généreusement.

Bientôt Moussine eut de quoi acheter une boutique, engager une douzaine de jeunes garçons qui dansaient devant la porte, en frappant sur des gongs de cuivre avec des maillets d'argent ; ils exécutaient des rondes en se tenant par la main comme le font les gens des foires, et en scandant des appels :

Toi qui ne vois pas, toi l'aveugle,
avec tes yeux obscurcis.
Sèche bien vite tes pleurs,
approche, approche sans peur.
Avec nous, et sans douleur,
reverras toutes les couleurs!

Dans la boutique, sur une petite estrade, trôNAIT Moussine en manteau noir et turban blanc. Les aveugles s'approchaient de lui, il appliquait sur leurs yeux ses petites feuilles magiques, et les guérissait aussitôt de leur cécité. Toute la ville ne parlait plus que de ce docteur-miracle, et ne cessait d'en chanter les louanges.

Le sultan en personne entendit parler de Moussine. Il le fit venir en son palais et lui tint ce langage :

– Puisque tu es un docteur qui accomplit des miracles, je compte bien que tu vas guérir ma fille.

– Elle est aveugle? s'enquiert Moussine.

– Elle n'est pas aveugle, répond le sultan. Elle est possédée d'un démon, un mauvais djinn. Son âme est torturée, et elle a la mort sur la langue. Personne ne connaît l'exorcisme qui la délivrerait de ce démon.

Pour un peu, Moussine aurait bondi de joie. « C'est cette fille de sultan dont parlaient les djinns du puits. Et moi, je connais le charme libérateur! » se disait-il.

Fixant le sultan dans les yeux, il lui dit sur un ton grave :

– Fort bien, puissant sultan. Mais si je délivre ta fille du démon, me la donneras-tu pour femme?

– Je te la donnerai, dit le sultan, qui désespérait de voir guérir sa fille. Mais il ajouta :

– Seulement, si tu ne la délivres pas, tu le paieras de ta tête!

– D'accord, ô puissant sultan, accepta Moussine. Ou bien tu me donnes ta fille, ou bien je te donne ma tête. Ce marché me convient.

– Toi aussi, tu me plais, dit le sultan. Viens, je vais te mener auprès de ma fille.

– Non, sultan, pas aujourd'hui, se défendit Moussine, car on était un lundi. Samedi prochain.

– Attendre jusqu'à samedi? Pourquoi? s'irrita déjà le sultan.

– C'est mon secret, répondit Moussine en riant, et il s'en alla.

Le samedi matin Moussine se représente devant le sultan. Il tient un coq noir serré sous son bras. Le sultan tremble et frémit d'impatience, il prend Moussine par la main et le mène tout de suite chez sa fille.

– Laisse ton coq, dit-il à Moussine. Pourquoi faire entrer un coq dans une chambre de jeune fille?

– Cela aussi, c'est mon secret, répond Moussine en riant, et il garde son coq sous le bras. Ils arrivent dans la chambre de la fille du sultan.

Elle se tord de douleur, gémissant, grinçant des dents. Elle n'est certes pas belle à voir! Moussine regrette presque d'avoir réclamé pour femme un tel laideron. Mais ce n'est pas le moment des regrets, il lui faut sur l'heure se consacrer à la guérison de la malheureuse.

D'abord, pour qu'il ne soit pas dit que cette guérison est chose aisée, il pose la main sur le front de la jeune fille, prenant un air concentré, comme s'il l'examine, comme s'il cherche de quoi elle souffre et ce qu'il faut faire. Puis il recule, tourne autour d'elle en prononçant des imprécations. Enfin il saisit le coq entre ses deux mains et, devant elle, en l'obligeant à regarder, il égorge le coq. Devant ses yeux, et un samedi.

Et c'est tout! Un nuage noir s'est élevé, sortant de la tête de la jeune fille, un nuage qui a tourbillonné, qui a gémi, hurlé — et disparu. La jeune fille s'est un peu secouée, a regardé, étonnée, autour d'elle. Elle était guérie.

Et non seulement elle était redevenue normale, mais elle avait aussi retrouvé sa beauté. Moussine ne regrettait plus d'avoir sollicité sa main. Déjà il était impatient de voir arriver le juge et les témoins pour la célébration du mariage.

Pour le mariage, on fit une grande fête, comme il convient aux noces d'une fille de sultan avec un docteur-miracle ; les deux heureux époux ont fondé famille, ont eu de nombreux enfants, et leur vie s'est écoulée comme s'écoule en général la vie des mortels. Un jour le vieux sultan mourut ; les dignitaires, courtisans, chefs militaires se sont réunis, et ont désigné Moussine comme nouveau sultan.

Un jour que le sultan Moussine rentrait en son palais, d'une promenade matinale, il remarqua un mendiant assis sur un banc, à la fraîcheur de l'ombre, sous la voûte. En le regardant bien, Moussine reconnut l'homme du nom de Moussa, qui autrefois s'était si mal conduit envers lui. Mais Moussa ne pouvait pas le reconnaître, lui,

Moussine, avec sa barbe de sultan et ses vêtements somptueux. Il n'avait plus rien de commun avec le malheureux qui avait pour tout bien un sac de farine.

Moussine s'approcha du mendiant, l'examina, et, hochant la tête d'un air pensif, il lui demanda :

— Comment t'appelles-tu, mon frère?

— Je m'appelle Mohammed, répondit le mendiant Moussa, qui avait préféré changer de nom, après son forfait.

— Il fait bon, ici, dans l'ombre fraîche, dit le sultan, tout en prenant place sur le banc à côté du mendiant. Bavardons donc un peu, en nous reposant.

— Comme tu voudras, ô puissant sultan, dit Moussa, qui se demandait ce que cela voulait dire. C'était tellement peu conventionnel!

— Cela va plutôt mal, pour toi, n'est-ce pas? lui demande le sultan.

— Très mal, sultan.

— La destinée des gens est diverse, et Allah sait ce qu'il fait, dit le sultan. Frère mendiant, raconte-moi donc l'une de tes aventures, pour que nous passions un moment agréable ensemble.

— Il ne m'est guère arrivé d'aventure digne de t'être racontée, Sultan, s'excuse Moussa.

— Par contre, moi j'en connais plusieurs. Et je vais t'en raconter une. Écoute-moi bien.

— J'écoute, Sultan, dit Moussa, qui continuait à se demander en vain à quoi le sultan voulait en arriver.

Le sultan s'installa commodément sur le banc, se croisa les mains sur le ventre, et raconta :

— Ce jour-là, deux hommes marchaient sur la route allant de la ville de Gaza au Caire. L'un des deux s'appelait Moussa, l'autre Moussine. Ils étaient pauvres, et ils allaient à pied. Chacun portait un sac de farine et une cruche d'eau. Cette histoire-là non plus, tu ne la connais pas?

Moussa regarda mieux le sultan, effaça en imagination sa barbe de sultan, son manteau de sultan, et soudain il comprit à côté de qui il était assis. Et c'est d'une voix angoissée qu'il répondit :

— Si, Sultan, cette histoire-là, je la connais.

— Mais tu n'en connais que la moitié, frère mendiant, poursuivit le sultan. Tu ingores que c'est juste au moment où je me trouvais au fond du puits que mon bonheur a commencé. Je vais te donner un conseil. Lève-toi maintenant, et va vers ce puits. Saute dedans. Peut-être que, pour toi aussi, ce sera le commencement d'une vie plus heureuse.

– Je ferai comme tu le désires, Sultan, dit Moussa sans grand enthousiasme.

– Je le désire en effet, dit le sultan. Ne tarde pas. Hâte-toi. Je t'enverrai deux soldats demain matin, ils te feront sortir du puits.

Que pouvait faire, Moussa? Il se leva et se mit en route en direction du puits. Il se disait : « Je survivrai bien à une nuit dans le puits. Cela aurait pu tourner plus mal, pour moi. »

Le sultan retourna dans ses appartements et se consacra à ses obligations de sultan. De temps à autre il pensait au mendiant Moussa, et se demandait si le bonheur de ce dernier allait aussi commencer dans ce puits. Depuis longtemps le sultan avait oublié et pardonné le mal que Moussa avait fait à Moussine.

Seulement, si l'homme pardonne parfois aisément, les volontés d'Allah sont parfois différentes.

Le soir était tombé quand Moussa atteignit le puits. Il n'avait pas envie de s'y jeter, mais il pensa que sa punition aurait pu être infiniment plus cruelle et il se décida à sauter.

Il faisait noir, un silence absolu régnait, il se trouvait dans la nuit profonde, avec de l'eau jusqu'au cou.

Les deux djinns avaient leur rendez-vous annuel précisément cette nuit-là. Ils vinrent s'asseoir sur la margelle, et se mirent à bavarder.

– Que deviens-tu, mon frère? demanda le premier djinn.

– Ne m'en parle pas, répondit l'autre. Depuis qu'ils m'ont fait sortir du corps de la fille du sultan, je n'ai que des ennuis. Ce puits doit être enchanté! Cette nuit-là, quelqu'un a dû entendre ce que nous nous disions!

– Tu as raison, mon frère, approuva le premier djinn. C'est ce puits qui est la cause de tout. Comblons-le!

Et ils le comblèrent.

Le lendemain, le scribe félicita le vieux saltimbanque :

— Hier, tu as inventé une histoire édifiante. Tu l'avais bien dit, ton conte était moral.

— Ce n'est pas moi qui l'ai inventé ; c'est un conte de Shéhérazade, répondit le vieux.

— Mais toi aussi, tu me sembles plein de sagesse, ajouta le scribe. Mais si tu l'es vraiment, comment se fait-il que tu n'aies même pas un œuf à mettre dans ta pâte? Tu es si maigre!

— Ce ne sont pas les plus gros les plus malins, fit remarquer le vieux saltimbanque en riant de bon cœur.

— En cela aussi, tu as raison, convint encore le scribe. Par exemple, notre scribe en chef est très gros. Ayant dit cela, il eut un geste effrayé, en constatant qu'il avait mal parlé d'un supérieur. Puis il leva la main en haussant les épaules, et il poursuivit : — Et de plus il est complètement idiot!

— Tu vois bien, lui dit le saltimbanque d'un ton protecteur. Alors, en gage de réconciliation, le scribe donna aux comédiens un demi-écu d'argent, pour qu'ils puissent acheter des œufs pour leur pâte, et du beurre pour frire les galettes. Le plus jeune des deux saltimbanques l'en remercia en racontant la huitième histoire.

LE PRINCE À LA MASSUE

LE PRINCE À LA MASSUE

Un roi puissant avait un fils très beau, un fils plus fort que tout un troupeau de taureaux ; mais ce fils, si beau et si fort, était aussi plus cruel que le roi des mauvais djinns lui-même.

Emmhammed — c'est ainsi que s'appelait ce prince — anéantissait tout ce qui tombait à portée de sa main. Il démolissait les chaumières des paysans, brisait leurs roues à eau, saccageait leurs champs. Dans la ville, il était la terreur des paisibles artisans, des jardiniers et même des pauvres mendiants. Il dévastait les ateliers, les jardins et les rues.

Effrayés, les gens s'enfermaient dans leurs maisons et n'osaient plus se rendre à leur travail. Et peu à peu ils ont commencé à fuir le royaume.

Le vieux roi souffrait beaucoup de cette situation. N'avoir qu'un fils, et le voir se conduire de cette façon! Durant un certain temps, le vieux roi ferma les yeux sur les méfaits de son héritier, se disant qu'avec le temps il s'assagirait. Voyant cet espoir déçu, le roi finit par convoquer son premier conseiller, pour lui demander comment calmer ce fils impétueux.

— Seigneur mon roi, je ne vois d'autre solution que d'envoyer ton fils sur l'une de nos quatre montagnes terribles, que ce soit la Montagne aux hyènes, la Montagne aux panthères, le Mont des lions ou encore le Mont des géants. Autrement nous n'arriverons pas à nous libérer du prince et lui finira par nous anéantir tous, répondit le premier conseiller.

Le roi fit venir auprès de lui son fils Emmhammed et lui dit :

— Mon cher fils! Les augures ont prédit un hiver très rude. Nous aurons besoin de beaucoup de bois pour survivre. Va donc demain en couper à la Montagne aux hyènes, et rapportes-en autant que tu peux en porter. Personne d'autre que toi n'aurait la force d'accomplir cette tâche.

Le lendemain, Emmhammed fit atteler douze ânes, se munit d'une puissante hache bien coupante, et se mit en route vers la Montagne aux hyènes. Arrivé sur place, il détela les ânes pour qu'ils puissent paître, et se mit à abattre et débiter des arbres. Mais pendant qu'il œuvrait ainsi, les hyènes attaquèrent les ânes, et les mangèrent tous.

« Et maintenant, comment vais-je transporter tout ce bois jusqu'au palais? » se dit le prince, en ne retrouvant, le soir, que des ossements au lieu des ânes vivants. « Bah! Je vais capturer les fauves et les atteler à la place des ânes, » se dit-il encore.

Bientôt entra dans la ville un convoi effrayant. Douze hyènes tirant un chariot rempli de bois, et un charretier maniant son fouet, qui était le fils du roi lui-même, assis à califourchon sur le dos de la plus grande et plus forte hyène. Les gens fuirent, éperdus, allant vite s'enfermer chez eux.

Le roi félicita le prince :

– Tu es hardi et courageux, mon fils. Maintenant, range le bois dans la cour, puis tu reconduiras les hyènes dans leur forêt. Ensuite va dormir, tu en auras besoin. Demain, j'aimerais que tu ailles quérir d'autre bois dans la Montagne aux panthères. Personne, avant toi, n'a jamais osé s'y aventurer.

Et c'est ainsi que le soir du surlendemain, la ville vit arriver un convoi encore plus terrifiant. Vingt panthères se ruaient dans les rues, traînant à grand fracas une charretée de bois, fougueuses comme la tempête, balayant tout sur leur passage. Le jour suivant, ce fut le tour de vingt et un lions! Et enfin, le lourd martèlement des pas de vingt-deux géants!!

« Il faut être fou pour continuer à vivre dans un pays pareil, » se disaient les gens, qui avaient commencé à émigrer en foule hors de ce royaume. Le vieux roi, lui, se morfondait – et il n'eut d'autre idée que de convoquer une fois de plus son premier conseiller pour connaître son avis.

– Il faut te débarrasser de ton fils, ô mon roi! Il n'y a pas d'autre possibilité. Mais tu ne peux pas le chasser par la force. Il faut trouver un stratagème. Dis à Emmhammed que tu souhaites qu'il épouse la fille du roi voisin. Ce dernier a beaucoup d'ennemis, et il sera sûrement content de penser que le prince peut les réduire. Et qui sait si le prince ne se calmera pas grâce à l'amour? La fille du roi voisin, Aïcha, est sage et très belle. Elle saura peut-être en venir à bout!

Le soir même, le vieux roi disait à son fils :

– Va trouver le roi, notre voisin, et demande-lui la main de sa fille, la belle Aïcha. Si Aïcha devient ta femme, tu seras par héritage l'un des plus puissants souverains du monde.

– J'irai demander au roi voisin la main de sa fille, et je l'obtiendrai. Je dois évidemment être un roi plus puissant que tu ne l'as été, mon cher père. Je ne désire aucune suite. Je vais seulement arracher le grand arbre qui croît au milieu de notre ville, et dont les branches se développent largement. Je taillerai ces branches, et du tronc je me ferai une arme formidable – une énorme massue, répondit Emmhammed à son père.

Dès l'aube du jour suivant, le prince, une massue énorme dans la main, se mettait en route vers le royaume voisin. C'était loin, le chemin était long. Déjà il s'impatientait, désirant voir sa belle fiancée. Déjà il se voyait le roi le plus puissant du monde. Alors il se hâta, il se hâta tant que, chemin faisant, il oublia ses habitudes de tout détruire sur son passage. Il marcha sans faire de mal à personne, ni à quoi que ce soit.

— Sois le bienvenu, Prince. Pour quelle raison viens-tu en nos contrées? lui demanda le roi du pays voisin, quand on eut introduit Emmhammed devant lui.

— Je veux épouser ta fille, la belle Aïcha. Et je veux devenir ton successeur, répondit sans ambages Emmhammed.

— On raconte beaucoup de choses sur ta force extraordinaire, Prince, lui dit le roi.

— Ce que l'on raconte est vrai, Excellence, répondit Emmhammed en faisant tournoyer sa massue au-dessus de sa tête. Il provoqua un tel vent que le roi et sa cour se retrouvèrent assis par terre.

Lorsqu'il eut repris ses esprits et sa place sur son trône, le roi dit au prince :

— Mon royaume est traversé par un grand fleuve. Les gens y mènent boire les chevaux, le bétail, les femmes vont y laver le linge. Mais de tout l'été, personne ne peut s'approcher du fleuve. Sept terribles géants viennent s'installer sur les berges, et boivent presque toute l'eau. Ils ne permettent à personne d'arriver jusqu'à l'eau. Si quelqu'un veut essayer, les géants le chassent, et s'ils l'attrapent, ils le mangent. Si tu nous débarrasses de ce fléau, je te donnerai ma fille en mariage, et après ma mort tu deviendras le souverain de mon empire.

— Ce n'est pas moi que les géants vont faire fuir, dit Emmhammed d'un ton assuré. Je les vaincrai aisément. Je chasse les géants avec la même facilité que n'importe quelle bête sauvage.

L'été arrivait, les géants se rapprochaient. Quand la terre commença à trembler sous leurs pas lourds, les gens, les animaux, les oiseaux, furent pris de panique. Tous se sauvèrent. Il n'y eut bientôt plus âme qui vive aux approches du cours d'eau. Déjà les géants commençaient à s'y prélasser, à y boire, comme s'ils avaient une soif inextinguible, comme s'ils voulaient assécher le fleuve. Après avoir bu tout leur content, ils commencèrent à avoir faim. Ils regardèrent autour d'eux, pour découvrir une proie : une chèvre, un agneau, un petit homme qui passerait par là et qu'ils croqueraient volontiers. Un petit homme, voilà ce qui serait bon à manger, se disaient-ils l'un à l'autre.

— Eh, regarde, là-bas! Voilà qu'arrive notre plat de chair fraîche! rugit le plus grand des géants, en indiquant un petit homme qui arrivait dans leur direction.

— Il ne vient pas par ici, rugit un deuxième ogre.

— Allons à sa rencontre, de toute façon, même si c'est ici qu'il vient, mieux vaut lui éviter tout ce chemin pour qu'il ne maigrisse pas trop en marchant, dit le troisième, sur un ton de plaisanterie.

Mais cette fois-ci, les ogres ne se sont pas régalés! A peine s'étaient-ils approchés d'Emmhammed – car c'était évidemment lui qui osait s'aventurer dans ces parages – que le prince fit tournoyer sa massue, asséna un bon coup au front du plus puissant des géants et l'envoya par terre! Jamais ces géants n'avaient vu cela! Qu'un de ces chétifs petits d'homme ose leur résister et les attaquer! Effrayés à leur tour, perdant la tête, ils se mirent à supplier le prince de les épargner.

Quel spectacle ce fut, dans les rues de la cité, quand Emmhammed, à cheval, brandissant sa massue, faisait avancer devant lui les six géants terribles, comme un troupeau d'agneaux!

Dans la cour d'honneur de son palais, le roi l'attendait, en grand apparat. Sa fille, la belle Aïcha, était à ses côtés. Dès qu'il eut posé son regard sur elle, le prince sentit son cœur envahi par l'amour. Lui, l'intrépide, baissa alors timidement les yeux.

– Je t'ai fait une promesse, Prince Emmhammed, et je la tiens. Je te donne ma fille Aïcha en mariage, et je te proclame mon héritier, mon successeur au trône, lui dit le roi solennellement, à haute voix pour que tout le monde l'entende.

Alors la princesse Aïcha fit quelques pas vers le prince, et elle lui dit :

– Tu es beau, tu es fort, Prince Emmhammed. Mais je te veux également bon. Les gens racontent que tu as été un homme très méchant, très mauvais. Mais je crois que tu as changé. Je désire que maintenant, ici même, en présence de mon père, de tous les vizirs, de tous les dignitaires et conseillers ainsi que devant moi-même, tu fasses le serment solennel de défendre notre pays, et de ne jamais permettre à quiconque de l'anéantir. Si tu fais cette promesse, et si tu la tiens, je serai très heureuse d'être ton épouse fidèle et dévouée.

Emmhammed fit de grand cœur ce serment devant Aïcha et devant toutes les personnalités. Il ne demandait qu'à exécuter les ordres de la belle princesse.

Les noces furent célébrées dès le lendemain. La célébration eut lieu ce jour-là, mais les festivités durèrent quarante jours et quarante nuits! Cinq semaines entières on mangea, on but, on dansa, on chanta, on festoya de toutes parts. Une fois les lampions éteints, le prince s'arma de sa massue pour aller repousser une armée qui avait attaqué le royaume du père d'Aïcha. Après avoir repoussé les envahisseurs hors des frontières, il les poursuivit. Et il ne fut pas long à les mettre en déroute. Puis il s'attacha à débarrasser son pays des mauvais géants. Ceux qu'il n'avait pas tués, il les fit prisonniers. Et il les attela aux roues des norias, à la place des bœufs. Ainsi leur force était bien utilisée.

Enfin, ses tâches accomplies, il retourna au palais rejoindre sa belle et sage épouse. Ils vécurent ensemble, très heureux et longtemps – aussi longtemps qu'Allah a bien voulu les laisser sur cette terre, avant de les rappeler à lui.

— A vrai dire, comment gagnez-vous votre vie? demanda le savetier aux bateleurs, au moment où le soleil roulait vers l'horizon.

— Comme nous le pouvons, lui dit le saltimbanque. Nous chantons, accompagnés d'un air de flûte, nous faisons de la voltige, des acrobaties, nous conjurons les maladies, parfois nous raccommodons la faïence, la porcelaine. La vie de baladin ambulant n'est pas facile, croyez-moi.

— La vie de mendiant est encore plus amère, fit remarquer le mendiant. A mon avis, celui qui a la vie aisée, c'est le coquin qui sait tromper et voler à l'occasion.

— Cela ne paie pas toujours, et même rarement, dit le plus jeune des deux jongleurs ambulants en hochant la tête. Je vais vous raconter une histoire là-dessus. Il reçut du porteur un sou de cuivre, le paysan lui donna une tranche de fromage de brebis et il entreprit de raconter l'histoire suivante.

SALEH LE FINAUD

SALEH LE FINAUD

Déjà le désert a englouti sous son sable les vestiges de la ville où, il y a bien longtemps, vivait le marchand du nom de Saleh. C'était l'un des plus riches commerçants de la place, et il menait une vie agréable, celle que permet l'aisance, pleine de réjouissances, de réceptions, de tables bien garnies, de garde-robes somptueuses. Mais soudain son commerce déclina. Ses affaires allaient de plus en plus mal, et il finit par se retrouver pauvre.

Ne pouvant s'habituer à cette désagréable situation, il a décidé d'émigrer, d'aller voir dans un autre pays s'il n'y rencontrerait pas meilleure chance. « Cela n'a aucun sens de rester ici et d'être pauvre, alors que l'empire d'Allah est si grand, et que n'importe où ailleurs, je puis peut-être m'enrichir et redevenir heureux, » s'était-il dit.

Dans sa boutique, il possédait une lourde balance de fer, qu'il avait héritée de son père, commerçant comme lui. Il y tenait beaucoup et comme il ne pouvait l'emporter dans ses bagages, il la confia à un ami avant de partir. Il demanda à cet ami, le marchand Youssouf, de la lui garder pour la lui rendre lorsqu'il reviendrait.

Notre marchand appauvri prend la route, va d'un pays à l'autre, de ville en ville. Partout il cherche un travail qui ne le fatiguerait pas trop. Mais il ne trouve nulle part un tel travail. C'est en vain qu'il sillonne les terres étrangères. Si bien qu'au bout d'un certain temps il est pris de nostalgie, et décide de rentrer chez lui.

Après avoir franchi la porte de sa ville, sa première visite est pour l'ami, auquel il a confié sa balance de fer. Après les salutations d'usage, il lui demande sa chère balance.

— Je suis désolé, mon frère, je regrette infiniment, mais les souris ont mangé ta balance! répond Youssouf. Saleh s'étonne d'une réponse aussi surprenante. Personne ne pourrait prêter foi à une telle assertion. Mais il n'insiste pas et dit simplement :

— Je ne puis rien te reprocher, si les souris ont vraiment mangé ma balance. C'est la vie! Tout passe, tout a une fin, en ce monde. Rien ne dure éternellement. Puis, au bout d'un moment, il ajoute : — Cher ami, je suis pauvre, maintenant, alors je vais aller au marché pour m'acheter quelque chose pour ma misère. Permets à ton fils Moustapha de m'accompagner. Je lui apprendrai comment on fait commerce de sa pauvreté, un jour peut-être cela lui sera-t-il utile.

Youssouf peut difficilement refuser. Il a un peu honte d'avoir trompé son ami, de lui avoir volé sa balance. Il appelle donc son fils Moustapha, et lui dit :

— Mon cher fils, ton oncle Saleh va maintenant au marché. Accompagne-le, pour apprendre comment on vend sa misère et achète la richesse.

Moustapha accompagne Saleh au marché, content à l'idée d'apprendre à faire le commerce. Mais Saleh ne le conduit pas au marché. Il le mène dans une vieille et sombre cabane, et il l'y enferme. Puis il retourne chez son faux ami, le traître qui lui a volé sa chère balance de lourd métal.

– Où donc est mon fils, qui est allé avec toi au marché? s'exclame, inquiet, Youssouf.

– Mon cher ami, répond Saleh, je suis désolé, mon très cher frère! Je regrette infiniment, mais ton fils a disparu. Nous étions à peine installés sur le marché, ton fils assis à côté de moi dans la poussière du sol, qu'un aigle est apparu dans le ciel. Il s'est rapproché, a foncé sur nous, a saisi ton fils dans ses serres et s'est envolé en emportant sa proie, je ne sais où.

– Tu mens! s'écrie Youssouf. Comment un aigle pourrait-il emporter un garçon de plus de quinze ans, et qui par surcroît est aussi gras que notre Moustapha?

Saleh se défend comme un beau diable :

– Mon cher Youssouf! Tu ne peux pas croire cela, mais puis-je croire que des souris ont rongé et avalé une lourde balance de fer? Si tu veux le revoir, ton fils, rends-moi d'abord ma balance.

Ils se mettent à se disputer, chacun restant sur ses positions. Pour finir, Youssouf va chez le juge, et l'implore :

– Protège-moi! Protège-moi, honorable juge! Le méchant Saleh m'a enlevé mon fils, et il refuse de me le rendre. Il ne cesse de mentir et de prétendre que c'est un aigle qui l'a emporté.

Le juge fait venir Saleh devant lui, et il lui demande :

– Pourquoi ne veux-tu pas rendre son fils à cet homme?

Saleh a ri, et il a répondu :

– Que puis-je faire, honorable juge? Dans cette ville, il se passe des choses si étranges! Un aigle a emporté le jeune homme sous mes yeux, et il s'est envolé au loin, jusqu'à disparaître à ma vue.

Le juge fronce les sourcils, irrité :

– Comment un aigle pourrait-il s'envoler en emportant un garçon de plus de quinze ans, et aussi gras que Moustapha, le marchand de gâteaux? C'est la plus grande idiotie que j'aie jamais entendue!

Saleh a répondu très tranquillement :

– Honorable juge! Il y a un certain temps, je suis parti pour l'étranger. J'avais alors laissé chez cet homme une balance, pour qu'il me la garde et me la rende à mon retour au pays. Mais quand, à mon retour, je lui ai réclamé mon bien, il m'a dit : « Les souris ont mangé ta balance. » Alors si les souris mangent les balances de fer, en ce pays, pourquoi les aigles n'emporteraient-ils pas un gamin de quinze ans? Pourquoi ne disparaîtraient-ils pas avec lui dans le bleu du ciel?

Le juge a ri, puis a fait entendre raison à Youssouf. Ce dernier a fini par rendre sa balance à Saleh, Saleh par délivrer le fils de Youssouf et le ramener chez son père. Les deux hommes, contents, redevinrent amis et n'ont plus jamais eu de différend.

Le lendemain, à l'heure où nos compères se réunissaient une fois de plus pour attendre le chant du muezzin qui annoncerait la fin du jeûne pour la journée, le savetier restait rêveur. L'histoire de la balance de fer rongée par les souris ne cessait de l'habiter depuis la veille. Que les souris rongent le cuir des chaussures dans son échoppe, c'était chose habituelle. Mais le fer, comment l'ami malhonnête avait-il pu inventer une chose pareille?

Qu'elles soient vraisemblables ou non, les histoires sont bien agréables à écouter. Chacun peut y prendre un plaisir extrême. L'homme de condition modeste aime à entendre des histoires de rois, princes et surtout princesses. Et quand un roi est quelque peu malmené ou ridiculisé, alors l'homme humble se sent d'une certaine manière vengé de son sort.

C'est sans doute pour mettre du baume au cœur du savetier, du berger, du tailleur, de tous les petits artisans ou pauvres porteurs de bagages, que le bateleur a eu l'idée, ce soir là, de leur parler d'un roi trop gros dont s'était moqué un tout petit oiseau.

LE ROI OBÈSE ET L'OISEAU BAVARD

LE ROI OBÈSE ET L'OISEAU BAVARD

Il est passé beaucoup de sable sur le désert, et le vent en a emporté autant, depuis l'époque où vivait, dans un pays arabe, un roi aussi gros que méchant. Il était gros, parce qu'il mangeait beaucoup trop. Et il était méchant, parce qu'il tenait ses serviteurs prisonniers dans son château, ne leur permettant jamais d'en sortir, fût-ce pour un seul petit instant. Il craignait que ses gens parlent au dehors, et que la population apprenne à quel point il était gras et lourd.

Et en effet personne ne l'aurait jamais su, s'il n'y avait pas eu un petit oiseau babillard. De nos jours encore les bédouins se racontent, le soir sous la tente, comment le petit oiseau l'a emporté sur le gros roi.

Personne ne se souvient plus d'où était venu le petit oiseau. Un beau jour, il était apparu sur le toit du palais royal. Il avait un petit collier auquel était pendu un petit grain, et il s'était mis à chanter :

Moi aussi je suis un roi!
Aussi riche que celui
qui règne en ce palais-ci.
Et je n'ai pas peur de lui!

Dès qu'il entendit cette chanson insolente, le roi ordonna à l'un de ses serviteurs :

— Va donc voir qui se trouve là, sur le toit et pourquoi il fait tout ce tapage.

Le serviteur grimpa sur le toit, mais il n'y a vu personne d'autre qu'un petit oiseau, avec un collier portant un grain en médaillon. Il est redescendu auprès de son maître, et lui a annoncé :

— Ô puissant parmi tous les puissants, mon Roi, il n'y a sur le toit qu'un tout petit oiseau qui porte un grain de blé en collier.

— Prends-lui ce grain tout de suite, ordonne alors le roi. Mais dès que le serviteur lui eut apporté ce grain, le roi a entendu que l'oiseau chantait à gorge déployée :

Me voilà bien attrapé!
Ce roi-là, qu'a-t-il fait?
Il m'a enlevé mon grain.
C'est un méchant souverain.

— Tiens, prends ce sacré grain et va le lui reporter ; dit le roi, irrité, à son serviteur.

Le serviteur alla rendre le grain à l'oiseau sur le toit. Mais ce dernier s'est remis à chanter, et encore plus fort qu'avant :

Le roi vieillit, et vieillit mal.
D'abord il prend,
et puis il rend.
Ne sait ce qu'il veut
Le pauvre vieux!

C'était plus que le roi n'en pouvait supporter. D'une voix courroucée, il ordonna :

– Attrapez-moi tout de suite cet oiseau babillard, coupez-lui le cou et préparez-le pour mon déjeuner, en plus de mon couscous!

Le domestique s'est donc armé d'un couteau, il a grimpé une fois de plus sur le toit et il a coupé le cou à l'oiseau. Le sang coulait de sa blessure et teintait de rouge son poitrail, mais sa voix se fit encore entendre :

Quel bon roi que ce roi-là!
Un collier de corail
me suspend au poitrail.
Gloire à toi, ô Roi des Rois!

Entre-temps le cuisinier avait pris l'oiseau égorgé, l'avait plongé dans l'eau bouillante et avait entrepris de lui arracher ses jolies plumes. Mais l'oiseau chantait toujours de plus belle :

De toute ma crasse
l'eau me débarrasse
pour le bon plaisir
du roi, notre sire!

Ensuite le cuisinier a enfoncé dans la gorge de l'oiseau des épices, des baies de genévrier, en les faisant bien glisser à l'intérieur, à petits coups de pouce. Et l'oiseau l'a remercié et félicité de son travail :

Ça sent bon le thym!
Et le roi meurt de faim.
Il a bon appétit
notre roi chéri!

Déjà la marmite était sur un feu brillant et clair, avec l'oiseau dans le bouillon, que la voix se faisait toujours entendre, brillante et claire comme le feu :

C'est chaud, c'est bon,
fameux bouillon!
Vas-y, mon roi,
rajoute du bois!

Pour finir, le cuisinier a ajouté une poignée de petits pois, dans la marmite. Et l'oiseau s'en réjouit : « Vous êtes tous bien gentils avec moi, de me donner des petits pois pour que je puisse jouer aux billes. Merci, braves gens! »

Le couscous enfin achevé de cuire, le serveur a apporté ce plat délicat au roi. Le roi s'en est régalé, il a tout mangé, et aurait mangé davantage, s'il y en avait eu plus.

Mais au bout d'un moment il a commencé à avoir mal au ventre. Et de ses intestins, provenait maintenant le chant de l'oiseau bavard :

Quel grand salon
que ton ventre!
On s'y prélasse,
Il y a de la place!

Le roi fut affolé en entendant cela. Il avait de plus en plus mal. Il se mit à pousser des cris terribles, et à ses cris, se joint le petit oiseau, qui lui aussi sortit de sa gorge! Tout joyeux, il a voleté de-ci de-là, chantant et proclamant, moqueur :

Écoutez-moi, bonnes gens,
Faites silence!
Faut que je vous dise du roi
que son ventre,
Comme salle de bal est immense!
Il abriterait, je vous le dis
tous les oiseaux du paradis!

Le roi, hors de lui, a ouvert la fenêtre et l'oiseau s'est vite envolé, avant qu'il ne lui arrive de nouvelles mésaventures. Il a volé, volé bien loin, mais partout, à travers tous les pays arabes, il a clamé et proclamé que ce roi était gros et gras. Et c'est ainsi que tout le monde l'a su.

Quand nos hommes se retrouvèrent le lendemain, réunis comme à l'accoutumée, le plus jeune des baladins a dit :

— Nous avons déjà écouté deux histoires d'oiseaux, celle de l'oiseau blanc et de l'oiseau noir, puis, hier, celle de l'oiseau bavard. Jamais deux sans trois, dit-on. Je vais vous raconter la troisième. Mais il va s'agir d'un oiseau beaucoup plus gros, c'est la triste histoire d'un fidèle faucon. Et dans cette histoire, le roi joue un rôle déplorable.

— J'aime assez les histoires d'oiseaux, remarqua le mendiant.

De la cuisine, où se préparait le repas de fin de journée de jeûne, leur parvenaient des odeurs suaves de fenouil et de cumin, on entendait un bruit de casseroles, qui accompagnait l'histoire de ce faucon, que le jeune jongleur avait commencé de raconter.

NE JUGE POINT SOUS L'EMPIRE DE LA COLÈRE

NE JUGE POINT SOUS L'EMPIRE DE LA COLÈRE

Dans un lointain pays arabe, là où l'eau est plus précieuse que l'or, vivait autrefois un puissant roi, homme très courageux.

C'était en outre un chasseur passionné, il adorait chasser les bêtes sauvages, ainsi que les oiseaux sauvages, mais il y allait de préférence tout seul, accompagné seulement de son plus fidèle ami, son faucon apprivoisé.

Un matin, le roi partit chasser dans une forêt lointaine, très profonde, et il n'avait pris, comme d'habitude, que son fidèle faucon comme compagnon.

Mais ce jour-là, le roi est parti en laissant sa bonne chance au château! La chasse ne lui rapporta rien, absolument rien. C'est en vain qu'il déambula toute la journée par monts et par vaux, c'est en vain qu'il lâcha à diverses reprises son faucon fidèle. La forêt semblait déserte, comme si les bêtes s'en étaient enfuies. Pas la moindre bête ne bougea quelque part.

Vers le soir, de fort méchante humeur, il fit faire demi-tour à son cheval, pour rentrer en son château. Il décida alors de prendre un raccourci que d'ordinaire les gens évitaient, car ce chemin passait par une vallée lugubre et déserte, entre deux falaises élevées et abruptes, où les fentes abritaient de nombreux serpents venimeux, ainsi que de gros scorpions noirs.

C'était un jour d'été, le soleil était encore chaud, et le roi eut soif. Fatigué sur sa monture, harassé, il avait mis son cheval au pas. Il essayait de se souvenir en quel endroit il trouverait une source d'eau claire et fraîche. Mais il se disait en même temps : « Même si je la trouvais, il est évident que par la chaleur qu'il fait depuis si longtemps, elle doit être maintenant à sec! »

Mais voilà que soudain une petite goutte d'eau lui tombe, légère, sur le front. Il ne peut y croire. « C'est une goutte de sueur. Je sais bien qu'il ne pleut jamais par ici, en saison sèche d'été. Il me faut faire attention de ne pas perdre la raison, » se grondait-il lui-même. Mais il sursaute : une autre goutte lui est vraiment tombée sur le front. « Oui, il est vraiment tombé une goutte, et même une grosse goutte, qui m'a refroidi la tête! »

Le roi, qui s'était arrêté, regarde autour de lui, et est heureux de voir de petites gouttes d'eau tombant d'un rocher en surplomb. « Ce doit être une source importante, si elle n'a pas été asséchée durant ces mois d'été, » se dit-il.

Sans hésiter davantage, il saute à bas de son cheval, sort de ses fontes une petite coupe d'argent qu'il présente à bout de bras sous la goutte. Et il attend patiemment que le gobelet se remplisse. Il faut attendre longtemps, et il brûle d'impatience de boire enfin quelques gorgées.

Mais au moment où il approche la coupe de ses lèvres, il entend un bruissement

d'aile dans l'air, quelque chose heurte sa main, et la coupe roule par terre. L'eau précieuse se répand, et se perd dans la poussière.

Tout surpris, le roi constate que celui qui lui a joué ce vilain tour est son faucon fidèle, son plus cher ami! Le faucon est reparti bien haut, il décrit des cercles au-dessus de la tête du roi, puis revient se poser là-haut, sur le rocher d'où tombent les gouttes. Il remonte, fait plusieurs fois le tour du rocher, revient vers le roi en décrivant des cercles de plus en plus petits au-dessus de lui.

Ayant ramassé sa coupe d'argent, le roi la replace sous la petite source. Que faire d'autre, avec la soif qui le torture? La coupe n'est pas encore à moitié pleine que, ne pouvant plus attendre, le roi la porte à sa bouche. Mais avant que ses lèvres n'aient touché l'eau, le faucon attaque une fois encore, et lui arrache le coupe de la main aussi violemment qu'il l'a fait un instant auparavant.

Cette fois-ci, le roi se fâche pour tout de bon. Il ramasse encore la coupe et, regardant le faucon d'un air sévère il lui dit : — Si tu recommences, je te tue, oiseau de malheur que tu es!

Et il remplit patiemment sa coupe, pour la troisième fois. Mais le faucon s'élance comme un éclair et la lui fait tomber pour la troisième fois. Le roi n'a pas hésité. Sortant son épée, il dit à son cher oiseau : — Ta dernière heure est venue, tu l'auras voulu, faucon félon! Et ce disant il lui assène un coup formidable sur la tête. Le pauvre oiseau pousse un cri désespéré, et tombe raide mort aux pieds du roi.

— Tu n'as que ce que tu mérites. Et tu aurais pu être puni encore plus sévèrement, dit le roi, courroucé en constatant que cette fois sa coupe a roulé dans un profond ravin. « Rien à faire, il me faut grimper pour arriver à la source même. Là enfin je pourrai boire, » se dit le roi.

Mais il n'a pas bu. Lorsque après des efforts épuisants, il est arrivé au sommet de la falaise, en voyant la source, il a complètement oublié sa soif! Au milieu, se trouvait le cadavre d'une vipère morte, de l'une des espèces des plus venimeuses.

Alors seulement le roi comprend que son fidèle faucon ne l'avait pas trahi. Au contraire, le malheureux oiseau lui avait sauvé la vie, même après avoir compris que c'était au péril de sa vie à lui!

— Hélas! Trois fois, hélas! s'écrie le roi, désespéré. Faucon chéri, mon fidèle ami, tu m'as sauvé la vie, et pour cela je t'ai tué! J'ai tué un innocent, parce que j'étais sous l'empire de la colère!

Mais tous ses regrets n'ont pas rendu la vie au faucon fidèle.

Déjà on en était au seizième jour du ramadan et, réunis auprès de la petite auberge, les hommes se racontaient ce qu'ils avaient mangé la veille au soir, après la soupe rituelle. Mais le berger s'est plaint amèrement :

– Je n'ai eu qu'un bout de pain et quelques dattes. Je me réjouissais à l'idée de me régaler d'un bon fromage que je m'étais réservé, mais les souris m'avaient mangé tout le morceau!

– Allah les punira sûrement, affirma le plus jeune des jongleurs, l'air grave, en s'adressant au berger. Je connais une histoire à ce sujet.

Et il a raconté l'histoire de la souris voleuse.

UN JUGE ÉQUITABLE

UN JUGE ÉQUITABLE

Cela s'est passé il y a bien longtemps, à l'époque où tous les animaux parlaient une seule et même langue. La souris était venue voir son voisin, le chien, pour lui demander un petit service :

– Je te prie, voisin, d'avoir la bonté de surveiller mes petits jusqu'à ce que je rentre à la maison.

– Volontiers, dit le chien. Je les garderai jusqu'à ton retour. Tu peux aller tranquille faire tes affaires, sois sans crainte, tes petits seront sous bonne surveillance.

– Merci, merci, mon fidèle ami, dit la souris qui s'en alla en trottinant.

Le chien s'est couché tout près du nid de la souris et a monté la garde. Il n'a pas fallu attendre longtemps avant que n'approchât le chat, poil hérissé, queue dressée. En le voyant, le chien saute sur ses pattes et se met à aboyer :

– Tu veux la guerre? Moi, je ne crains pas la bagarre et ne recule devant personne.

Et le chien se met à aboyer de plus en plus fort, pour chasser le chat. Mais le chat saute à droite, il saute à gauche, bondit en avant, retombe en arrière, si bien que le chien ne sait plus trop par où diriger ses aboiements. Profitant d'un moment où le chien se concentrait, fort occupé, sur tout le bruit qu'il faisait, le chat saisit un souriceau et l'avale aussitôt. Puis le chat fait encore tourner un peu la tête du chien, profite de l'instant où le nigaud le croit encore de l'autre côté pour saisir un deuxième souriceau entre ses griffes. Et hop! la bestiole glisse dans son gosier. En peu de temps, il n'y eut plus un seul bébé souris dans le nid. Alors le chat laissa le chien et alla grimper sur un arbre pour digérer à l'aise.

Tout cela avait déplu au chien, qui continuait à donner de la voix, jusqu'à ce que le chat disparaisse complètement dans les branchages de l'arbre. Il se calma alors, ne voyant plus son ennemi et reprit sa place d'un air vainqueur. Oui, mais s'il avait chassé l'ennemi, il ne restait plus un seul des petits qu'il devait protéger! Il ne vit qu'un reste de queue, un peu plus loin. Ce n'est qu'alors qu'il constata que le chat avait mangé toutes les petites souris qu'il avait mission de protéger.

Quand la souris, à son retour, vient lui demander où sont ses petits, le chien baisse la tête, queue pendante, et répond d'une voix penaude :

– J'ai défendu tes petits en aboyant très fort, mais le chat les a mangés!

La souris se mit à pousser des cris :

– Le chat les a mangés! Ô douleur! J'ai perdu mes enfants! Il ne me reste plus rien, en cette vie. Je vais aller porter plainte contre toi à notre juge, le lion, le roi des animaux. Désolée, pleurant à chaudes larmes, la souris va se plaindre auprès du lion :

– Majesté, quelle douleur est la mienne! Mes petits, mes chers enfants, tout ce que j'avais de plus cher au monde, je les ai perdus. Par la faute du chien. Je les lui avais confiés pendant une courte absence, il les a mal gardés, il a été négligent, et le chat les a mangés. Et en disant cela elle pleurait, pleurait beaucoup. Elle finit par émouvoir le lion avec ses larmes. Alors il dit d'une voix de stentor :

– La justice passe avant tout. Je vais interroger le chien, le chat et tous les témoins, puis je punirai sévèrement le coupable. Amenez le chien.

Quand le chien fut en sa présence, le lion lui demanda pourquoi il avait gardé les souriceaux avec si peu de zèle. Et le chien lui a répondu :

– Ô Seigneur lion! Je ne les ai pas gardés négligemment, mais je ne suis pas parvenu à leur accorder autant d'attention que je l'aurais voulu. Le chat est arrivé et il m'a déclaré la guerre. Il m'a fallu me défendre.

Alors le lion lui a demandé :

– Et quelles armes avait-il pour t'attaquer?

– Il avait le poil hérissé, la queue dressée, et il soufflait terriblement, répondit le chien.

– Amenez-moi le chat, ordonna alors le lion.

Quand le chat fut devant lui, le lion a demandé :

– Pourquoi avais-tu le poil hérissé et la queue dressée? Pourquoi soufflais-tu aussi terriblement? Et comment se fait-il que tu aies déclaré la guerre au chien?

Le chat a répondu :

– Ô lion, mon roi! J'ai rencontré sur ma route un porc-épic avec toutes ses armes prêtes à l'attaque ; il n'y avait pas sur son corps une seule petite place qui ne fût couverte d'armes. J'ai cru comprendre que Votre Majesté avait fait proclamer la guerre.

Et le lion a alors dit :

– Faites venir le porc-épic.

Quand le porc-épic se présenta devant le lion, il avait en effet le corps tout couvert de piquants acérés. Le lion lui a demandé :

– Pourquoi as-tu proclamé la guerre et fourbi toutes tes armes?

– Ce n'est pas ma faute, Votre Majesté, a répondu le porc-épic. J'ai vu la tortue qui était rentrée dans sa carapace, où elle cachait tout son corps. Alors j'ai pensé que la guerre était déclarée, et que tous les sujets de Votre Majesté devaient préparer leurs armes.

Le lion a ordonné :

– Amenez la tortue. Je dois l'entendre également, si je veux être équitable.

Et déjà arrivait la tortue, dans sa carapace. Elle dit au lion :

– Ô Seigneur, juge équitable et honnête! J'ai vu de mes propres yeux l'abeille piquer la souris de son aiguillon. Alors je me suis rentrée dans ma carapace pour m'y cacher.

– Amenez tout de suite l'abeille! a rugi le lion.

Quand l'abeille est arrivée en voletant, le lion lui a demandé pourquoi elle avait piqué la souris. Et l'abeille s'en est défendue :

– Mais non, Seigneur juge! Je n'ai pas piqué la souris. Je ne voudrais pas lui faire de mal.

Le lion était sur le point de vraiment se fâcher :

– La tortue a témoigné contre toi. Prouve ton innocence, sinon, prépare-toi à un grave châtiment.

L'abeille a réfléchi un long moment, puis elle a fini par reconnaître :

– Je me souviens, maintenant, juge équitable et puissant! J'ai vraiment piqué la souris. Mais c'est uniquement parce que je l'avais surprise en train de grignoter dans le garde-manger de Votre Majesté.

– Comment? Ainsi, elle va voler dans le garde-manger du lion, et elle ose venir se plaindre devant lui? Est-ce qu'elle n'a pas provoqué elle-même tous ces tracas? Elle a perdu ses enfants, c'est bien fait pour elle, elle n'est d'ailleurs pas encore assez punie. Nous devons réfléchir à un châtiment plus fort encore, rugit le lion d'une voix rendue terrible par la colère.

En entendant cela, la souris n'a pas demandé son reste. De toute la vitesse de ses pattes, toute tremblante, elle s'est faufilée dans son trou de souris, hors d'atteinte de tous les autres.

— Avez-vous déjà vu des djinns? demanda le paysan, le lendemain, alors que nos compères s'étaient réunis une fois de plus, pour attendre le coucher du soleil, et que le temps leur semblait long. Mais aucun d'entre eux n'avait de sa vie vu un djinn. Pas même le soldat, qui au cours de ses aventures avait pourtant vu beaucoup de choses.

— Mieux vaut se tenir à l'écart des djinns, déclara le vieux jongleur. Il y en a des bons, mais il y en a aussi des mauvais, comme par exemple les chaïtans. Ou encore le diable Iblis. Mais il paraît que les plus mauvais de tous ce sont encore les marids.

— Moi, je ne crois pas à toutes ces sornettes, répliqua alors le soldat.

— A ta guise, dit le bateleur. Mais écoute pourtant cette histoire! Et il se mit alors à raconter l'un des fameux contes de Shéhérazade.

SAIFALMULUK ET LA FILLE DU ROI DES DJINNS

Bien avant l'époque de Salomon, prophète et envoyé d'Allah, régnait en Égypte un roi qui longtemps était resté sans enfant. Il avait atteint l'âge de cent quatre-vingts ans quand enfin un fils lui vint. Il y eut à cette occasion de grandes fêtes, la ville entière fut décorée de drapeaux, de tapis, on mangea et on but beaucoup et le bébé reçut le nom de Saifalmuluk, ce qui veut dire « épée royale ».

De nombreux souverains de pays voisins et même fort éloignés avaient envoyé des messagers pour apporter leurs vœux, ainsi que des cadeaux à l'occasion de la naissance de l'enfant royal. Toute une salle du palais fut bientôt remplie d'armes, de cuirasses, de bijoux, de manteaux de brocart et de tout ce qui serait un jour utile au jeune prince, quand il aurait grandi.

Salomon lui-même, fils de David, prophète et envoyé d'Allah, auquel rendit visite la célèbre reine de Saba, avait lui aussi envoyé des cadeaux. C'étaient une bague avec un sceau en or, et une casaque toute parsemée de pierres précieuses.

Le garçon grandit. Bientôt il sut lire et écrire, monter à cheval et tirer à l'arc, lancer le javelot, et tout ce que doit savoir un enfant royal. Lorsqu'il eut atteint vingt ans, il alla un jour visiter le trésor qui renfermait les cadeaux qu'on lui avait faits à sa naissance. Il examina les armes, les armures, les bijoux divers, les brocarts, et découvrit également la bague avec le sceau de Salomon. Il se la passa au doigt. Il découvrit également la casaque cousue de pierres fines, et décida de la revêtir. Il remarqua, au moment de l'enfiler, que quelque chose était cousu sur la doublure. Regardant de plus près, il s'émerveilla. Une broderie de très fins fils d'or représentait une jeune fille si séduisante qu'il en eut le cœur étreint d'émotion. Il ne pouvait en arracher son regard. Le soir, puis la nuit vint, et il n'allait pas se coucher. Il ne pouvait dormir, et alluma des chandelles pour la regarder encore. Il était tombé amoureux de la jeune fille représentée sur ce tableau brodé.

Et ce jeune cœur amoureux
brûla de mille feux.

Le matin, le roi, père de Saifalmuluk, en venant réveiller son fils, l'a trouvé non seulement éveillé, mais en larmes, plongé dans la contemplation du portrait.

— Qui est-elle, cette belle jeune fille? demande le prince à son père.

— Tu ne l'as pas vu? C'est écrit sous le portrait, s'étonne le père.

Alors seulement Saifalmuluk remarque qu'une petite inscription est brodée sous le portrait : « Portrait de la princesse des djinns, Badi'ataldjamala, fille du roi des bons djinns, Chahjala, qui règne dans la cité de Babal. »

— Je vais aller à sa recherche, s'exclame le prince Saifalmuluk.

Son père essaye de le détourner de sa décision, mais en vain.

Personne, au palais royal, n'avait la moindre idée de l'endroit où se trouvait cette ville de Babal, mais cela ne pouvait détourner Saifalmuluk de sa détermination.

— Que faire, mon fils? Il faut nous informer, dit le vieux roi plein de sagesse. Il convoqua alors les marchands de la ville, les marins du port, pour qu'ils disent à son fils Saifalmuluk où se trouvait en vérité cette ville de Babal. Mais personne ne le savait. Mieux, personne n'en avait jamais entendu parler. Seul un marchand donna cet avis : — Va en Chine, Prince. Là, sans doute apprendras-tu quelque chose.

Le vieux roi a fait armer quarante bateaux, équiper vingt mille soldats, il a chargé les bateaux de coffres pleins d'argent, de tonneaux de viande salée et de jarres d'eau douce. Il savait qu'il est vain de vouloir contrarier ou empêcher son fils. L'amour ne se laisse pas plus entraver que le vent ne peut s'enfermer dans un baluchon noué aux quatre coins. Alors il souhaita bon voyage à son fils, et lui fit ses adieux.

Après avoir navigué très longtemps, Saifalmuluk aborda en Chine, mais là non plus personne ne pouvait lui indiquer où se trouvait la ville de Babal. Seul un capitaine de vaisseau lui conseilla ceci : — Essaye, Prince, d'aller t'informer dans les îles indiennes. La ville de Babal ne s'y trouve certes pas, mais par là ils en ont peut-être entendu parler.

Et Saifalmuluk et ses quarante bateaux cinglèrent vers l'Inde. Mais au moment où ils étaient en haute mer, une tempête éclata, les vagues renversèrent et brisèrent tous les bateaux comme fétus de paille. Seuls en réchappèrent quelques soldats et Saifalmuluk qui avait pris place dans un canot de sauvetage.

Alors la mer a emporté le petit canot. Les rescapés souffraient de la faim et de la soif, le soleil leur brûlait la peau et le désespoir leur écorchait l'âme.

Ils étaient déjà presque prêts à une mort imminente lorsque le vent les poussa sur une île inconnue. Réjouis ils se sont lancés sur la rive. Cette île semblait couverte de fraîches vallées ombragées par de grands arbres dont les branches ployaient sous le faix de fruits exotiques. Les hommes coururent vers ces arbres, ces fruits, pour en manger et étancher leur soif, apaiser leur faim. Mais au pied des arbres, dans l'herbe, était étendu un monstre aux oreilles si grandes qu'il se servait de l'une comme matelas, et l'autre était sa couverture. Nos hommes, effrayés, ont pris leurs jambes à leur cou, tandis que le monstre les poursuivait ; ils arrivèrent à une montagne où vivaient d'autres monstres de la bouche desquels sortaient des dents longues comme des défenses d'éléphants. Le roi de cette île trônait en haut du rocher ; les monstres s'emparèrent de Saifalmuluk et de ses soldats et présentèrent leurs captures au roi en disant, en langage de monstre : — O Roi, nous avons capturé ces êtres, sans doute te plairont-ils!

Le roi examina le prince Saifalmuluk et ses compagnons, puis il répondit, toujours en langage de monstre :

— Ces êtres me plaisent. De ma vie je n'en ai vu d'aussi séduisants. Alors, il a pris deux soldats d'une main, les a portés à sa bouche et avalés sur place.

Les autres soldats, terrorisés, poussèrent des cris de frayeur et des lamentations ; alors le roi a dit aux monstres :

— Ces êtres chantent agréablement. Placez chacun d'eux dans une cage, au-dessus de ma tête.

Les monstres ont donc apporté des cages, ils y ont enfermé Saifalmuluk et les quelques soldats qui restaient, et ils ont suspendu la cage au-dessus de la tête de leur roi, pour que ce dernier puisse jouir de leur chant.

Ce roi des monstres avait une fille, qui régnait sur une île voisine. A la nouvelle de ce que son père avait capturé des êtres chanteurs, elle lui fit demander de lui en envoyer quelques-uns. Son père lui envoya Saifalmuluk et deux soldats, et elle fit suspendre leur cage au-dessus de sa couche. Saifalmuluk pleurait, gémissait, se lamentait et les deux soldats aussi pleuraient sur leur triste sort. La princesse, elle, pensait qu'ils chantaient!

Alors est arrivé l'inévitable. Le beau Saifalmuluk plut à la princesse, et elle lui demanda de se marier avec elle. Mais lui ne voulait pas en entendre parler, pour rien au monde! Elle se vexa et décida de punir les trois prisonniers. Elle les fit sortir de leur cage et mettre à de lourds travaux : ils devraient scier du bois et le lui apporter jusqu'à la cuisine. Désormais Saifalmuluk et ses deux soldats parcouraient l'île en tous sens, ils abattaient des arbres, découpaient des bûches, faisaient des fagots des branches plus minces et transportaient tout ce bois jusqu'à la cuisine. Parfois il leur fallait s'absenter plusieurs jours, car les arbres étaient assez clairsemés sur l'île, qui d'ailleurs était très étendue.

Un jour qu'ils avaient coupé du bois en bas de la montagne, tout au bord du rivage, et qu'ils se reposaient à l'ombre, à midi, les deux soldats s'étaient endormis, et Saifalmuluk rêvait. Il pensait à l'Égypte, à son père, à la princesse des djinns pour laquelle il se consumait d'amour. Il eut soudain un éclair : il bondit sur ses pieds, éveilla ses soldats, et leur dit :

— Nous allons nous sauver!

— Comment? demandèrent tristement les deux soldats, dans un soupir.

— Nous allons abattre deux grands arbres, leur expliqua Saifalmuluk, nous ferons des cordages avec des rubans de liber, et ainsi nous pourrons fabriquer un radeau. Le radeau une fois prêt, nous le chargerons d'une provision de fruits, et nous nous lancerons à la mer, à la grâce de tous les dieux! Allah, qui est miséricordieux, nous enverra, je l'espère, un vent favorable.

Ainsi dit, ainsi fait. Ils ont vogué des jours, des semaines, sans rien voir d'autre que le ciel au-dessus de leur tête et la mer à perte de vue. Depuis longtemps tous les fruits étaient mangés, ils enduraient la faim, la soif, le soleil leur brûlait la peau, et le désespoir leur rongeait l'âme. Et voilà que se lève une nouvelle tempête, un crocodile émerge d'une gigantesque vague, l'un des soldats est entraîné à l'eau — et avalé!

Enfin, une île apparaît à l'horizon. Mais tandis qu'ils s'en approchent, une tempête de plus soulève des vagues dont émergent d'autres crocodiles. Le deuxième soldat est avalé à son tour. Saifalmuluk reste seul sur le radeau. Enfin, Allah — car la volonté d'Allah est insondable — envoya un vent favorable qui poussa le radeau sur le rivage. Saifalmuluk, épuisé, se traîna hors de l'eau, et tomba sur le sable.

Au bout d'un moment il se releva pour se mettre en quête de quelque chose à manger. Mais il se figea d'effroi. De toutes parts, d'énormes singes s'approchaient de lui. Il tenta de regagner son radeau pour fuir une fois de plus sur la mer, mais déjà les singes l'avaient encerclé. Et le malheureux prince se lamenta sur son triste sort. Il avait échappé aux monstres et maintenant se trouvait tourmenté par des singes hideux.

Ils étaient certes hideux mais ils n'étaient pas méchants. Ils se mirent à danser autour de Saifalmuluk, s'efforcèrent de l'égayer, l'invitant à s'avancer un peu plus loin du rivage, où s'étendait un pré tout émaillé de fleurs odorantes. Saifalmuluk s'avança donc jusqu'à ce pré ; il y avait là encore d'autres singes à la taille ceinte d'un tablier ; ils ont étalé une nappe sur l'herbe et sur cette nappe fleurie ont placé des assiettes d'or avec toutes sortes de mets délicieux, et des cruches d'argent contenant des breuvages divers et exquis. Saifalmuluk a pris place, il a mangé, et il a bu tant qu'il a pu avaler quelque chose. Et pendant qu'il mangeait les singes lui jouaient de joyeux airs de flûte, et s'efforçaient de l'amuser de toutes manières.

Après avoir mangé, et s'être rincé les doigts dans une aiguière d'or, Saifalmuluk a attendu pour voir ce qui allait arriver. Les singes se sont remis à lui faire signe de les suivre. Il les a suivis, mais cette fois la route a été longue, montant, descendant, par vaux et par monts, traversant des plaines désertiques. Mais les singes dansaient toujours pour distraire Saifalmuluk, faisaient des cabrioles, lui apportaient des fruits, si bien que pour finir il n'a pas trouvé le trajet trop pénible.

Ils ont parcouru ainsi beaucoup de lieues, puis enfin Saifalmuluk a vu apparaître dans le lointain un château fort élevé. Il voulait s'enquérir auprès des singes à qui appartenait ce château, mais ils avaient disparu en un clin d'œil, tout comme s'ils n'avaient jamais été là. Fort étonné, Saifalmuluk avait envie de se mettre à la recherche des singes, mais il était attiré par le château. C'est donc par là qu'il s'est avancé, et il est entré. Après avoir passé par sept porches d'entrée, il a vu devant lui trois portes, et il a passé la troisième. Il s'est alors trouvé dans une salle immense, au bout de laquelle se dressait un trône sur lequel siégeait une très belle jeune fille, en vêtement royal. Le cœur de Saifalmuluk s'est serré en la voyant, car il avait tout de suite reconnu la princesse des djinns, Badi'ataldjamala, dont il était tombé amoureux à la vue de son portrait et qu'il recherchait depuis si longtemps. Et elle était encore plus belle que sur le portrait. Il est vrai que ce qui brille dans un œil vivant, aucun fil d'or ou d'argent ne peut le reproduire en broderie.

La princesse examinait attentivement Saifalmuluk qui s'avançait vers elle, et il semblait bien qu'elle aussi, elle en tombait amoureuse. Et quand il fut tout près, elle l'a interrogé :

– Es-tu un être humain, ou bien un djinn?

– Je suis un homme, répond-il. Mon nom est Saifalmuluk, et je suis fils de roi.

Son visage s'est attristé, quand elle a appris qu'il appartenait au genre humain. Mais elle l'a cependant questionné aimablement sur son origine, et sur le but de ses voyages.

Saifalmuluk était déjà sur le point de tomber à ses pieds, de baiser la pointe de sa chaussure et de lui avouer que le but de ses longues recherches, c'était elle-même. Mais il n'a fait que rougir, il n'a rien osé avouer de son amour, il a gardé pour lui ce qui était la vérité, et il s'est contenté de répondre :

– Pour raconter tout, il me faudrait parler jusqu'au matin. D'abord, explique-moi, toi, ce que tu fais ici, pourquoi tu es ici si seule.

– Je ne suis pas seule, ici, lui répond la princesse des djinns, qui ne savait pas cacher la vérité. Un marid est ici également, c'est le fils du roi des marids, les pires des mauvais djinns. Un jour, je me promenais dans les jardins du roi, mon père, en la bonne ville de Babal. Ce marid s'est abattu sur moi sous la forme d'un nuage, il m'a enveloppée et emportée, enlevée jusqu'ici, dans ce château élevé. Il me tient prisonnière et exige que je devienne sa femme. Mais pour rien au monde je ne l'épouserai.

– Et où est ce marid? lui demande aussitôt Saifalmuluk.

– Il dort, dans sa chambre à coucher, dit-elle.

– Je vais lui couper la tête avec mon épée, s'écrie le jeune prince d'un ton décidé. Et je te libèrerai. Le veux-tu?

– Personne ne peut lui trancher la tête d'un coup d'épée, lui assure-t-elle, et il ne semble pas que tu puisses me secourir.

Saifalmuluk constate alors que les yeux de la belle sont inondés de larmes. Il en a le cœur encore plus serré qu'avant, il se penche jusqu'au sol devant elle, lui baise le bout de sa chaussure et lui avoue enfin que c'est elle le but de ses voyages, que c'est vers elle qu'il a vogué par toutes les mers, et qu'il ne peut vivre sans elle.

Elle écouta, lui sembla-t-il, ce discours avec plaisir. Mais après une seconde d'hésitation, elle dit :

— Dommage, mais tu appartiens au genre humain. Les hommes me font peur.

— Tu crains les hommes? s'étonne Saifalmuluk.

— Ce n'est pas que j'en aie vraiment peur, mais je crains de leur accorder ma confiance. Les hommes sont menteurs et traîtres. On ne trouve en eux ni amour, ni fidélité.

— Tu te trompes, nous ne sommes pas tous comme tu le dis, se défend Saifalmuluk.

— Peut-être, dit-elle. Mais moi, je n'ai pas confiance. Ne le prends pas en mauvaise part, fils de roi. Je serais très heureuse de constater que je me suis trompée.

Saifalmuluk, l'air grave, se mit à réfléchir sur la façon dont il pourrait la convaincre. Au bout d'un moment, il s'est exclamé :

— Je vais tordre le cou à ce marid.

— Personne ne peut lui tordre le cou, affirme-t-elle. Tu ne lui ferais pas le moindre mal, mais tu périrais, toi!

— Alors, que je périsse! clame-t-il en se dirigeant en courant vers la chambre à coucher du marid.

— Attends! lui crie-t-elle, l'arrêtant dans son élan. Ce serait agir absolument en vain. Tu ne pourrais réussir que si tu avais la bague avec le sceau du roi Salomon.

— Mais je l'ai! s'exclame-t-il, enthousiaste, en lui montrant la bague, à son doigt.

— Même ainsi, c'est très dangereux, dit-elle encore, mais il était visible qu'elle hésitait à en dire davantage.

— De toute façon, je ne puis vivre sans toi, insistait alors Saifalmuluk. Je t'en prie, dis-moi tout!

— Soit, puisque tu insistes. Voici ce qu'il faut faire : Va dans la chambre du marid, et avant tout ouvre la fenêtre. Mais prends bien garde à ne pas le réveiller. Si jamais il s'éveille, c'en est fini de toi. Dans un coin de sa chambre tu verras un coffre ; dans le coffre il y a un écrin, dans l'écrin se trouve un flacon, et dans le flacon il y a un

moineau. C'est dans ce moineau qu'est logée l'âme du marid. Tu ouvriras le coffre, tu soulèveras le couvercle de l'écrin, tu briseras le flacon et écraseras le moineau dans le poing dont un doigt porte la bague avec le sceau. Alors l'âme du marid s'envolera par la fenêtre, et nous serons débarrassés de lui. Mais si tu le réveilles avant d'avoir agi ainsi, c'est toi qui périras. Tu ferais mieux de ne point y aller, fils de roi. Je crains fort pour toi.

– J'y vais de ce pas, dit Saifalmuluk. Et il y alla.

Dans la chambre, le marid dormait, allongé sur un banc. Même dans le sommeil, son visage était effrayant. Saifalmuluk s'avança jusqu'à la fenêtre qu'il ouvrit. Mais un violent coup de vent fit claquer la fenêtre et éclater une vitre qui tomba en s'émiettant sur le sol carrelé. Tout cela fit un grand vacarme. Le marid a fait rouler ses yeux sous ses paupières, mais il ne s'est pas réveillé. Saifalmuluk, retenant sa respiration, restait sans un mouvement ; puis en voyant que l'autre dormait toujours il s'est approché du coffre à pas de loup, et a entrepris de l'ouvrir. Mais la clé était rouillée, et elle a grincé. Le marid s'est retourné sur le flanc gauche, mais il ne s'est pas réveillé. Enfin le coffre était ouvert, et Saifalmuluk en a extrait l'écrin. Quand il en a détaché le couvercle, le bois a craqué. Le marid s'est retourné sur l'autre côté, mais il ne s'est pas réveillé.

Saifalmuluk a encore attendu un moment, figé, retenant son souffle, ensuite il a pris dans sa main le flacon qu'il a cogné rudement contre le mur. Le flacon s'est brisé, et les morceaux de verre sont tombés par terre, en tintant. Le marid a poussé un profond soupir, il a toussé, mais il ne s'est pas réveillé. Cette fois, Saifalmuluk n'a plus attendu, et il a aussitôt serré le moineau dans son poing, pour l'écraser. Mais l'oiseau, terrifié, s'est mis à gémir, d'une voix humaine : « Ne me tue pas! » Et Saifalmuluk a ouvert son poing. Là-dessus le marid se réveille, et il tend vers Saifalmuluk un bras au bout duquel il a, en guise de doigts, des langues de serpent. Mais le moineau a vite ouvert son bec, et il a vomi l'âme du marid. L'âme s'est envolée par la fenêtre ouverte, le bras du marid est retombé sans force, les langues de serpent se sont effritées en cendres, puis le bras lui-même s'est désagrégé, et le marid tout entier est tombé en cendre et poussière.

— Je te remercie, fils de roi, a dit le moineau.

— C'est moi qui te remercie, répondit Saifalmuluk. Mais déjà le moineau déployait ses ailes et s'envolait à l'air libre. Il s'est posé à la cime d'un arbre et a entrepris de se lisser les plumes, comme le font d'ordinaire tous les moineaux.

Saifalmuluk est retourné dans la grande salle, où la princesse des djinns l'a accueilli avec des yeux pleins d'amour et un large sourire aux lèvres.

— Tu me crains encore? lui demanda Saifalmuluk.

— Non, je n'ai plus peur de toi, dit-elle.

Alors ils se sont pris par la main, et ils ont quitté le château élevé. Ils ont marché, longtemps, avant d'arriver au rivage. Ils ont pris place sur le radeau de Saifalmuluk, et ont vogué sur la haute mer. Longtemps, les bons et gentils petits singes ont chanté et dansé sur la grève, en leur souhaitant un vent favorable et tout le bonheur possible. Ils étaient contents que tout se soit bien terminé.

Le radeau voguait sur les vagues, et même les poissons rapides ne pouvaient pas le rattraper. Bientôt nos rescapés furent en vue du port. Saifalmuluk et la princesse des djinns ont abordé la terre ferme, puis ils ont encore marché, longeant les fleuves, traversant les montagnes, steppes et déserts jusqu'à atteindre enfin la cité de Babal. Là, ils ont été accueillis par Chahjala, le roi des bons djinns ; Saifalmuluk lui a tout raconté, qui il était et comment il avait délivré sa fille Badi'ataldjamala. Et la princesse Badi'ataldjamala a raconté à son père tout ce qui était arrivé. Elle lui a confié qu'autrefois elle craignait les hommes, car elle les croyait sans amour et infidèles, mais que maintenant elle était heureuse de constater qu'elle s'était trompée. Tous les hommes ne sont pas traîtres et méchants.

C'est ainsi que Saifalmuluk, qui appartenait au genre humain, est resté au pays

des djinns, et a pris pour femme la princesse Badi'ataldjamala. Ils ont vécu de nombreuses années ensemble, dans l'amour et la fidélité. Jusqu'à ce qu'un jour Badi'ataldjamala demandât à son époux :

— Cher ami et cher seigneur, es-tu bien sûr que rien ne te manque?

— Si, quelque chose me manque, répondit Saifalmuluk, qui avait perdu l'habitude humaine de taire la vérité. J'aimerais revoir mon pays, mon royaume, les gens de la terre d'Égypte. Si cela ne te dérange pas, j'irai faire un tour par là, et je reviendrai au bout d'une semaine.

Elle en a été un peu attristée, mais elle n'a pas hésité à appeler ses serviteurs djinns et à leur ordonner d'accompagner Saifalmuluk en Égypte.

— Pourquoi es-tu triste, ma chérie? Tu crains que je ne revienne pas? Préfères-tu que je ne parte pas? lui demanda le prince.

— Oui, je crains que tu ne reviennes point, mais je t'en prie, va, puisque c'est ton souhait.

Et il partit en Égypte, où il resta une semaine.

Mais il revint auprès de sa femme, au pays des djinns.

Il est retourné auprès d'elle, car si vivre au royaume des humains est un grand bonheur, vivre au royaume des djinns est aussi un grand bonheur, mais vivre dans l'amour est le plus grand de tous les bonheurs.

— Vous voulez encore écouter une histoire de djinns? proposa le vieux jongleur à ses compagnons, à la tombée du jour, le lendemain.

— Non, refusa un berger, qui avait mal dormi toute la nuit précédente, car il avait rêvé qu'un marid tendait vers lui un bras au bout duquel la main était faite de langues de serpent. Raconte plutôt quelque chose d'autre, quelque chose qui ne nous fasse pas avoir de cauchemars.

— On peut rêver de n'importe quoi, dit le plus jeune des deux jongleurs, en riant. Par exemple, tu pourrais rêver que tu as des oreilles de lapin.

Et il a raconté une histoire de lapin.

POURQUOI LE LAPIN A-T-IL DE LONGUES OREILLES?

POURQUOI LE LAPIN A-T-IL DE LONGUES OREILLES?
101

Un jour, en sortant de son terrier, un lapin a vu un petit bouc donner des coups de corne dans un arbre. « Comme c'est une drôle manière d'agir » se dit le lapin. Alors il a demandé au petit bouc :

– Pourquoi donnes-tu ainsi des coups de boutoir à cet arbre?

– Il fait froid, et je dois fendre du bois pour avoir de quoi chauffer dans la cuisine, répondit le petit bouc.

Le lapin avait bon cœur, et il avait pitié de ce petit bouc. Il a réfléchi un instant, puis il lui a dit :

– Attends, je vais t'aider. J'ai bien dormi, et je me sens en pleine forme.

Là-dessus, il prend son élan, fonce sur l'arbre et le heurte de la tête. Pauvre lapin! Voilà sa tête enfoncée profondément entre les branches, si coincée, qu'il ne pouvait plus l'en retirer.

De douleur, le lapin s'est mis à pousser des cris et à prier le petit bouc de l'aider à sortir de là.

Le petit bouc a saisi le lapin par les oreilles et il a tiré, tiré tant qu'il pouvait. Au point qu'il se disait qu'il allait lui arracher la tête. Mais la tête a tenu. Seules les oreilles se sont allongées, allongées. Et c'est depuis cette fois-là que le lapin a de longues oreilles.

— Alors, as-tu rêvé que tu avais de longues oreilles? demanda le saltimbanque, dès le lendemain, au berger qui craignait les histoires qui donnent des cauchemars.

— Non, je n'ai pas rêvé que j'avais de longues oreilles, mais toute la nuit je n'ai fait que courir par les champs et brouter de la luzerne, avoua le berger.

— Ce n'est pas bien grave, remarqua le saltimbanque en riant. La nuit prochaine, qui sait si tu ne vas pas aboyer en rêve?

Et il s'est mis à raconter une histoire de vache et de chien.

LA VACHE ET LE CHIEN

LA VACHE ET LE CHIEN

Il faisait très beau, ce jour-là, quand la vache a rencontré le chien. Ils se sont mis à bavarder, et dans le cours de la conversation, la vache se vanta de pouvoir voler.

— Regarde, alors, si tu en doutes, dit-elle au chien qui n'avait pas l'air d'y croire.

Et voilà que — sans doute était-ce la volonté d'Allah — notre gentille vache s'élève vers le ciel. Mais comme elle était assez lourde, elle n'est pas restée longtemps dans les airs, et elle est bientôt retombée sur terre.

Hélas dans sa chute elle s'est cassé tant de dents que le goût des vols lui a passé pour le restant de ses jours.

C'est depuis lors que la mâchoire supérieure de la vache est dépourvue de dents.

Le chien, qui avait tout vu, s'est mis à rire pour se moquer de la vache. Il a ri, ri, ri à s'en fendre la mâchoire, il a ri tant et si bien qu'il s'est réellement fendu la mâchoire jusqu'aux oreilles.

Et c'est depuis lors que le chien a la gueule fendue d'une oreille à l'autre.

Déjà on en était arrivé au vingtième jour du ramadan, qui tirait vers sa fin.

— Quand le jeûne prendra fin, dit le cordonnier, je me ferai préparer pour le déjeuner une épaule de mouton aux amandes, mijotée au beurre, sans oublier l'oignon, et bien poivrée! C'est mon plat préféré. Rien qu'à cette évocation, toute l'assistance en avait l'eau à la bouche.

Les voilà tous plongés dans leurs pensées, rêvant de mouton, d'agneau aux amandes, de méchoui, de couscous...

— Raconte-nous quelque chose, pria le savetier au conteur, mais fais vite, car déjà la faim nous tenaille.

Et le saltimbanque leur a alors raconté une histoire de teinturier et de barbier, pour que les hommes pensent à autre chose qu'à la nourriture.

ABOU-KIR ET ABOU-SIR

En ce temps-là, deux artisans vivaient à Alexandrie. Il y avait Abou-Kir, le teinturier, et Abou-Sir, le barbier qui était également baigneur. Leurs affaires allaient mal. C'est pourquoi ils ont pris la décision d'aller tenter leur chance ailleurs. Ils ont prié les marchands de vouloir bien les emmener sur leurs bateaux, et les marchands ont accepté de les prendre sur l'une de leurs nefs qui allaient vers les pays lointains.

Avant d'embarquer, le teinturier Abou-Kir a dit au barbier Abou-Sir :

— Frère, nous devons toujours nous entraider, et nous serrer les coudes. Celui de nous deux qui aura l'occasion de gagner quelque argent, qu'il entretienne toujours celui qui resterait sans travail. Nous partagerons toujours tout équitablement entre nous deux. Tu es d'accord?

Abou-Sir a marqué son accord, ils se sont mutuellement tapé dans la main pour le confirmer : — Tope-là!

Mais, il faut le savoir, Abou-Sir était très brave, tandis qu'Abou-Kir n'était qu'un vaurien, un menteur, un traître.

Bientôt le bateau a levé l'ancre. Ils ont vogué un jour, ils ont vogué un deuxième jour, et le visage des marchands se couvrait de barbe, et les joues des marins aussi. C'est seulement à ce moment-là que l'équipage constata qu'on avait oublié d'enrôler un barbier.

Abou-Sir voyait, tout content, pousser les barbes sur le menton de ses compagnons, puis il a dit à Abou-Kir :

— Frère, tous les autres se sont pourvus du boire et du manger, et nous seuls nous n'avons rien emporté. Mais je crois pouvoir dire que nous serons bientôt tirés d'affaire.

Il s'est alors installé sur le pont avec son attirail de barbier, offrant aux marchands de les raser ; eux, en étaient bien contents. Abou-Sir s'est aussitôt mis à l'ouvrage. Comme rétribution il demandait une miche de pain, un morceau de fromage, quelques dattes, des olives et un bol d'eau sucrée pour faire passer le tout. On le lui donnait volontiers, et souvent l'un ou l'autre client y ajoutait même une piécette d'argent. A l'heure du déjeuner, Abou-Sir déposa le tout sur la natte où il dormait avec Abou-Kir, il fit deux parts égales des piécettes d'argent, mangea et but, en disant à son compère :

— Mange, et bois, mon frère. Il y en a assez, il nous en restera.

Le teinturier Abou-Kir a mangé et bu, et après, il ne restait rien.

— Peu importe, frère, dit Abou-Sir. Nous nous en sortirons encore, et, prenant son attirail, il retourna sur le pont pour y raser marchands et matelots. Pendant ce temps-là, Abou-Kir s'est allongé pour faire une bonne sieste.

Tous les jours de navigation se sont passés de cette façon. Les barbes poussaient sur le visage des hommes, les joues des marins redevenaient de véritables hérissons, Abou-Sir rasait et rasait, tandis qu'Abou-Kir ne faisait que dormir et bâiller.

— Aurais-tu l'amabilité de m'aider un peu, frère? lui demanda Abou-Sir. Quand ce ne serait que leur essuyer le menton, après rasage. J'ai beaucoup de clients, et je suffis à peine à la tâche.

— Tu es fou? rétorqua l'autre, tout irrité. J'ai le mal de mer, moi, tu ne le vois pas? Je ne peux remuer ni bras ni jambes.

Mais au moment du repas, il n'avait plus le mal de mer. Il retrouvait sa bonne humeur, et mangeait comme un ogre. Et quand son ami versait les piécettes dans la coupelle, sa main ne tremblait pas pour y puiser.

Ils ont ainsi navigué deux fois vingt jours, avant d'aborder un pays lointain. C'était un port. Ils ont trouvé tout de suite une petite chambre, en ville. Le barbier s'est hâté d'aller acheter de la viande, des légumes et du riz, au marché. Il a cuisiné un bon repas, mis de l'ordre dans la chambre et dressé la table. Pendant ce temps-là, le teinturier s'était couché, et il dormait. Il se réveilla cependant au moment de manger, quand tout était sur la table. Il engloutit une part de lion, et le barbier, lui, se réjouissait de voir son ami se régaler.

C'est ainsi que passaient les jours, l'un suivant l'autre. Le barbier parcourait la ville avec son attirail, rasait les gens, puis avec l'argent gagné en travaillant il achetait tout ce dont ils avaient besoin, tandis que l'autre ne faisait que dormir, bâiller ou compter les mouches au plafond. Il ne se levait de sa natte que pour se mettre à table.

— Il ne faut pas m'en vouloir, disait-il à Abou-Sir, mais vraiment je ne me sens pas bien. J'ai des vertiges.

Mais Abou-Sir ne lui en voulait pas du tout. Abou-Sir était content de voir son ami se reposer et manger et boire ce qu'il lui procurait. Et quand il avait pu mettre quelque argent de côté, après avoir payé les achats, toujours il faisait un petit tas des piécettes, sur une coupelle, et en faisait deux parts égales.

Hélas, un jour, le barbier tomba réellement malade. Sa maladie était grave. Il avait une forte fièvre, il s'agitait sur sa couche, et perdait connaissance par moments.

Le teinturier Abou-Kir ne s'est point préoccupé de lui. La seule chose qui lui importât, c'était qu'il n'y eut plus rien à manger à la maison. Et il avait faim, lui! Il lui a donc bien fallu se lever, pour aller en ville. Il s'est habillé pour sortir, a pris son argent, mais quand il était sur le seuil de la porte il est revenu auprès de barbier, qui avait perdu connaissance, et il lui a pris son argent.

Abou-Kir se promenait en ville, examinant tout pour voir ce qu'il y avait d'intéressant. C'était un teinturier, si bien qu'il eut vite remarqué que les gens étaient vêtus soit de blanc, soit de bleu, mais qu'aucune autre couleur ne se voyait nulle part. Il s'est alors arrêté à l'échoppe d'un teinturier local, il a examiné les tissus qui s'y trouvaient. C'étaient de belles toiles, mais toutes étaient uniquement du même bleu et d'aucune autre teinte. Se dévêtant de son cafetan de toile blanche il l'a présenté au teinturier en le priant :

– Je voudrais que tu le teignes.

– A ton service, dit le teinturier. Reviens ce soir, ce sera fait.

– Mais de quelle couleur?

– En bleu, dit le teinturier d'un ton de surprise, comme si la chose allait de soi.

– Mais je le veux en rouge, moi! dit Abou-Kir.

– Je ne sais pas teindre en rouge, dit le teinturier.

– Alors, teins-le en vert, au moins?

– Je ne sais pas teindre en vert, insiste le teinturier.

– Alors en jaune?

– En jaune non plus. Dans cette ville, nous sommes une quarantaine de teinturiers et nous ne teignons qu'en bleu. Toujours le même bleu.

Abou-Kir a éclaté de rire :

– Si tu veux le savoir, moi aussi, je suis teinturier. Seulement, moi, je suis d'Alexandrie. Chez nous, à Alexandrie, nous sommes plus avancés, en ce qui concerne le métier de teinturier. Moi, je sais teindre en n'importe quelle couleur. Si tu me paies bien, je t'apprendrai à le faire aussi.

– Je n'ai pas besoin de savoir le faire, dit le teinturier.

– Tu n'es qu'un idiot, dit Abou-Kir, en se moquant méchamment. Je vais ouvrir une boutique de teinturier, et vous pourrez tous aller mendier!

– Tu n'y seras pas autorisé, dit tranquillement le teinturier local. Il y a dans la ville une quantité suffisante d'échoppes de teinturiers, et il est interdit aux étrangers d'exercer notre métier.

Abou-Kir ne s'est pas attardé plus longtemps auprès de son confrère en teinturerie, et il est allé tout droit chez le sultan, pour s'y plaindre. Le sultan l'a écouté d'une oreille favorable. Il lui plaisait d'avoir des vêtements de toutes les couleurs. Il a commandité Abou-Kir pour l'ouverture d'une teinturerie, en lui donnant les fonds nécessaires et quelques esclaves pour effectuer le gros travail. Quand la teinturerie fut prête à fonctionner, le sultan envoya un lot de tissus blancs, pour que Abou-Kir les teigne en autant de couleurs qu'il le pouvait.

Cette fois-ci Abou-Kir, sentant que le vent avait tourné et qu'il avait enfin sa chance de s'enrichir, ne fit plus le paresseux. Il a teint les tissus du sultan en jaune, en rouge, en orange, en brun et en vert, dans des nuances pervenche, pistache, outre-mer, olive et vert mousse, avec des reflets de gris, de citron et de jaune canari. Quand tout fut bien sec, il en a chargé les esclaves pour qu'ils les portent au palais du sultan en cortège.

Les esclaves déployaient les étoffes rutilantes, les gens s'attroupaient à leur passage, et le sultan, de la fenêtre de son palais où l'avait attiré la rumeur, fut ébloui par toutes ces couleurs chatoyant au soleil. Après avoir félicité chaleureusement Abou-Kir, il l'a princièrement rétribué.

Après ce début, il n'y eut plus en ville de marchand ou de grand personnage qui n'eût envoyé ses étoffes à l'atelier d'Abou-Kir pour qu'il les teignît en couleurs toujours nouvelles. Et à chaque fois le teinturier étranger était largement rétribué. Il ne lui a pas fallu longtemps, dès lors pour devenir riche.

Et Abou-Sir, pendant ce temps-là, que devenait-il?

Abou-Sir, quand il avait repris connaissance sur la couche où il souffrait, avait constaté qu'il était seul dans la chambre, que son frère le teinturier était parti, en emportant même son argent. « Sans doute en avait-il besoin, » se dit le brave homme, qui ne se fâcha même pas. Il craignait seulement de mourir là, sans aide, tout seul. Il rassembla ses dernières forces pour se traîner sur le seuil. Là, de braves gens l'ont vu, l'ont soigné, et il s'est remis. Une fois sur pied, il est sorti pour respirer un peu d'air frais, après une si longue maladie, et aussi pour chercher du travail. Il a ainsi erré au hasard, dans la ville, et s'est trouvé soudain devant une teinturerie où des étoffes multicolores séchaient sur des fils, à la grande admiration de la foule qui se pressait là. Abou-Sir s'est faufilé parmi les gens, et a demandé à quelqu'un ce qui se passait, et pourquoi il y avait un tel attroupement.

— C'est une nouvelle teinturerie, lui fut-il répondu. Notre sultan lui-même l'a fait aménager par un étranger nommé Abou-Kir. Nous venons ici tous les jours, pour voir les nouvelles couleurs, telles que jamais on n'en avait vues dans cette ville.

Tout content pour son ami, Abou-Sir est entré dans la teinturerie pour saluer son « frère » et partager sa bonne chance. Il espérait aussi recevoir chez lui quelque chose à se mettre sous la dent, car à dire vrai il avait une fameuse faim et pas un sou en poche. Dès le seuil, il a vu Abou-Kir assis sur un banc, entouré de coussins, dirigeant les esclaves qui faisaient le feu sous les chaudrons, plongeaient les étoffes dans le bain de teinture bouillant et fumant. Abou-Kir se contentait de leur indiquer, d'un geste de la main, ce qu'il fallait faire.

Abou-Sir, les bras largement ouverts, s'élança vers son frère le teinturier, pour l'embrasser. Mais d'un regard, Abou-Kir brisa son élan. A la vue de cet homme squelettique aux vêtements misérables, il s'est exclamé :

— Que vient chercher ici ce loqueteux? Saisissez-vous de lui! — Les esclaves se sont précipités en nombre, et ont retourné les bras d'Abou-Sir sur ses reins. — Allongez-le au sol! — Les esclaves ont jeté le malheureux à terre, et Abou-Kir lui a assené de généreux coups de bâton. Puis il a dit à son ancien compagnon : — Si je te revois encore une seule fois en ces lieux, misérable mendiant, je te brise les reins! Et il l'a fait jeter à la rue!

Tout gémissant, Abou-Sir s'est traîné jusqu'à son logement. Ses pauvres vêtements étaient maculés, et lui-même était tout sale, après avoir été jeté sur le sol de la teinturerie. « J'aurais bien besoin d'aller aux bains, » se dit-il sans se rappeler, dans sa détresse, qu'il n'avait pas de quoi payer son entrée. Il a demandé au premier passant rencontré de lui indiquer le plus proche établissement de bains.

— Un établissement de bains? Qu'est-ce que c'est? lui a demandé l'autre, intrigué.

— Qu'est-ce que cela pourrait être? Un établissement où les gens se lavent, se savonnent, transpirent et se baignent!

— Se savonnent? qu'est-ce que c'est que cette histoire! demanda encore le passant.

Abou-Sir a aisément compris que, dans cette ville, il n'y avait pas d'établissement de bains. C'était, pour lui, l'occasion unique! Sans hésiter, il alla se présenter devant le sultan, baisa le sol à ses augustes pieds, et lui tint ce langage :

— O sultan, je suis étranger, originaire de la ville d'Alexandrie. Chez nous, à Alexandrie, les établissements de bains sont nombreux. Or j'ai constaté que dans ta ville, ô sultan, il n'y en a pas un seul. C'est la raison pour laquelle, soit dit sans offenser ta grandeur, tes citoyens ne sont pas très propres. Il faudrait remédier à cette situation. Et je saurais le faire, étant donné que de métier je suis barbier-baigneur. Et je connais mon métier, je puis te l'assurer!

— Mais qu'est-ce que c'est que ça, un établissement de bains? s'enquit le sultan, qui lui-même ne comprenait pas.

Abou-Sir a expliqué au sultan tout ce que l'on y faisait, vous laver, vous masser, parfumer, raser, épiler, frictionner, et j'en passe. Le sultan était déjà réjoui. Il a fourni à Abou-Sir l'argent qu'il fallait pour créer des bains, il lui a alloué quelques esclaves pour qu'ils apprennent à laver et masser. Ainsi, les sujets du sultan ne seraient plus sales!

Abou-Sir a une fois encore baisé le sol aux pieds du sultan, et il s'est hâté d'aller trouver les corps de métier pour bâtir un établissement de bains. Bientôt, en plein cœur de la cité, était inauguré un bâtiment de bains publics, en pierre et marbre, avec tout ce qu'il fallait, des salles pour se dévêtir, des chambres de vapeur, un bassin à eau chaude, avec des jets d'eau, des salles de repos où l'on brûlait de l'encens sur de la braise, et où tout embaumait le savon, les huiles odorantes, où tout se reflétait dans de multiples miroirs. Il y avait même un buffet, et une cave fraîche, afin que les hôtes de marque pussent manger quelque chose de croustillant et boire frais, après les vapeurs du bain.

Naturellement, le premier à venir prendre son bain, fut le sultan en personne. Il s'est déshabillé, et Abou-Sir l'a mené au bassin, en se faisant la remarque que, pour un sultan, son client était plutôt sale. Il utilisa à profusion les brosses, la mousse de savon, l'eau chaude et froide alternativement ; il lui a fait prendre un bain de vapeur pour bien le faire transpirer, puis il l'a inondé d'eau de rose, essuyé avec des serviettes moelleuses, massé avec des onguents parfumés au musc et à l'aloès. Ensuite, il l'a entouré dans une grande serviette, l'a installé sur un lit de repos, lui a apporté des sucreries et des sirops glacés. Le sultan était très heureux ; il a dit à Abou-Sir : — Tes bains, c'est le paradis. Et il lui a donné mille pièces d'or en récompense.

Après le sultan, toutes les personnalités, les grands seigneurs de la ville sont venus prendre un bain. Chacun d'eux a payé cent pièces d'or. Les riches marchands aussi, ont payé cent pièces d'or, et certains un peu plus.

Puis ce fut le tour des riches artisans, et ceux-ci ont payé dix pièces d'or. Les plus pauvres n'en ont payé que cinq, et certains encore moins. Des pêcheurs, des marchands d'eau, des porteurs des quais, Abou-Sir n'a reçu qu'une seule pièce d'argent. Et de certains, il a reçu encore moins. Et à ceux qui n'avaient rien, pas même une piécette de cuivre, il ne leur a rien pris, mais les a baignés de la même façon que les autres.

Cela plaisait aux gens de se baigner, se laver, se frotter, se récurer au savon. Abou-Sir n'arrêtait pas de travailler du matin au soir. Ses affaires marchaient très bien, et l'argent lui arrivait à flots.

Un jour, le bourreau du sultan s'est présenté aux thermes. Il a demandé, un peu inquiet, si Abou-Sir consentirait à le baigner. Abou-Sir s'est d'abord gratté l'oreille, perplexe, puis il s'est dit qu'aux bains, un homme en vaut un autre. Même le bourreau, ne doit pas rester sale. Il a donc lavé le bourreau, il l'a massé, essuyé, il lui a taillé la barbe et l'a frictionné d'onguents. Ensuite il l'a installé sur un lit de repos. Le bourreau sentait bon, il se sentait lui-même comme au paradis, et il a demandé à Abou-Sir combien il lui devait.

– Donne-moi une pièce d'or, lui a répondu Abou-Sir.

Le bourreau a payé, mais le prix lui semblait bien modique, et il voulait encore manifester sa reconnaissance à Abou-Sir de l'une ou l'autre façon.

– Cela ne presse pas, lui dit Abou-Sir. L'occasion se présentera peut-être, qui sait? Parfois la volonté d'Allah est insondable.

Et pendant ce temps-là, que devenait Abou-Kir?

Ayant appris par la rumeur publique l'installation d'un établissement de bains où l'argent rentrait à flots, il s'est revêtu de ses plus beaux atours, s'est installé fièrement sur sa mule, et est allé voir ce qui se passait.

Il y avait beaucoup de monde, aux bains, et le teinturier a vite compris qu'en effet l'affaire était florissante, et qu'on devait y gagner beaucoup d'argent.

Quand Abou-Sir vit son ancien ami, il abandonna le grand seigneur qu'il était en train de masser pour aller accueillir Abou-Kir. Ce dernier commença tout de suite à lui faire des reproches :

– Comment, frère, comment as-tu pu m'abandonner ainsi? Voilà des semaines et des semaines que je te recherche par toute la ville, mais tu te caches! Pourquoi ne m'as-tu pas fait savoir où tu te trouvais?

N'en croyant pas ses oreilles, Abou-Sir répond :

– Mais je suis allé chez toi! Et tu m'as reçu à coups de bâton!

Abou-Kir, en fieffé menteur, s'est tordu les mains en disant :

– Ce n'est pas possible! C'était donc toi?

– Oui, c'était moi. Tu ne m'avais pas reconnu?

– Bien sûr que non! jura Abou-Kir. Je le regrette terriblement. Dire que je t'ai offensé!

– N'en parlons plus, dit Abou-Sir, content de cette explication. Ce n'était pas de ta faute.

– Non, puisque je ne t'avais pas reconnu, acquiesça le teinturier. C'est bien de ta faute à toi. Pourquoi ne t'es-tu pas fait reconnaître? Mais je te pardonne. Donne-moi un bain et nous bavarderons.

Tout heureux de pouvoir le faire, Abou-Sir s'est mis à baigner, récurer, parfumant son ancien compère, l'oignant de crèmes parfumées, lui taillant et brossant la barbe. Ensuite, ils se sont installés ensemble pour prendre quelque repos tout en buvant des sirops à la neige venue des montagnes lointaines, se félicitant de leur sort actuel, et du bonheur de s'être retrouvés. Au cours de la conversation, Abou-Kir laisse tomber cette remarque :

– Tes bains sont presque parfaits, frère. Il y a cependant une chose qui leur manque.

— Quoi donc? demande Abou-Sir, intéressé.

— Un salon d'épilage, comme il en existe aux bains de chez nous, à Alexandrie. Tu te souviens de cette pâte à épiler?

— Oui, je me souviens, dit Abou-Sir. Et je te remercie de m'y faire penser. Je vais préparer une telle pâte, je connais la recette. La prochaine fois que tu viendras, je t'épilerai partout où tu voudras. Je te rendrai doux et lisse comme un melon.

— Fais cela avant tout au sultan. Il sera encore plus satisfait de toi. Allons, au revoir, frère, il est temps de m'en aller. Qu'Allah te protège, toi et ton établissement!

Abou-Sir, tout de suite après le départ du teinturier, s'est mis à préparer sa pâte épilatoire. C'est une préparation contenant de la chaux et une poudre blanche appelée arsenic. On y ajoute une cuillerée d'huile de jasmin, pour atténuer sa puanteur. N'empêche que cette pâte épilatoire sent mauvais! Mais il est vrai qu'elle fait tomber les poils. Tout en travaillant sa pâte, en dépit de l'odeur, Abou-Sir, se réjouissait de la prochaine satisfaction du sultan, quand il se retrouverait, bien étonné, avec une peau lisse.

Et Abou-Kir, que devenait-il pendant ce temps-là?

Abou-Kir, le traître, était allé droit chez le sultan pour lui dire :

— Ó sultan, si tu tiens à ta vie, ne va plus jamais aux bains! Le baigneur complote de t'assassiner.

— Pourquoi? Et comment? demanda le sultan.

— Pourquoi, je l'ignore. Comment? En t'empoisonnant, ô sultan. Il est en train de préparer sa mixture. C'est une pâte qui sent mauvais. Quiconque est enduit de cette pâte meurt sur-le-champ. Je t'aurai mis en garde, sultan!

Le sultan avait bien du mal de croire une chose pareille, mais il a estimé qu'il valait mieux se rendre compte. Il s'est rendu en personne à l'établissement de bains, accompagné de quarante soldats, en plus du bourreau. Il ordonna aux soldats d'attendre sur le seuil de l'établissement, et de s'y précipiter au premier appel. Au bourreau, il commanda d'attendre avec les soldats, en ayant un grand sac tout prêt, à portée de sa main. Il est alors entré, et Abou-Sir est venu à sa rencontre pour le saluer poliment ; il l'a mené dans les bains de vapeur, l'a plongé dans l'eau de rose, a frictionné son corps au savon et à la brosse, l'a essuyé, peigné, bichonné, parfumé et oint d'huiles odorantes. Ensuite Abou-Sir a dit au sultan, en s'inclinant bien bas devant lui :

— Ô sultan, je t'ai préparé une surprise. Il s'éloigna alors un instant, et revint auprès de lui avec un bol contenant une pâte. Une pâte qui empestait!

— Tu veux me passer de cette pâte sur le corps? lui demande le sultan.

— Oui, sultan, je vais t'en passer sur la peau, et tu verras ce que sait faire cette pâte!

— Avant que tu ne le fasses, c'est moi qui te ferai jeter dans un sac! Et c'est toi qui verras ce que sait faire mon bourreau! s'exclame le sultan, qui appelle ses soldats et leur ordonne : — Maintenez-le! Puis après avoir appelé son bourreau, il lui commande : — Enferme-le dans ton sac, et serre bien le nœud! Porte-le jusqu'à la mer, monte avec lui dans un canot, et rame pour arriver sous mes fenêtres. Quand je te ferai signe, tu jetteras le sac à l'eau.

Le bourreau a donc enfermé Abou-Sir dans son grand sac, il a jeté le sac sur son épaule et l'a porté ainsi jusqu'à la mer. Les autres ont aidé le sultan à s'habiller et, aussitôt vêtu, il s'est hâté de retourner en son palais.

Arrivé au bord de la mer, le bourreau a déposé son sac à terre, sur le rivage, et il eut alors un sentiment de grande pitié pour Abou-Sir, qui devait mourir sans avoir pu faire ses adieux aux gens et au monde. Il a regardé à gauche, puis à droite et il a vu qu'il ne voyait personne! Pas âme qui vive pour le trahir, rien que des filets de pêche suspendus à sécher. Alors le bourreau a pris son courage à deux mains et il a ouvert le sac.

— Sors de là, a-t-il dit à Abou-Sir. Fais tes adieux aux gens et au monde.

Abou-Sir est sorti du sac et, en larmes, il a exprimé ses adieux au monde, à la vie, à la lumière. Mais comme il n'y avait point là de gens, il a fait ses adieux à son bourreau, seul être humain à sa portée.

— Mais au fond, qu'as-tu fait pour mériter cette peine? demande alors le bourreau à Abou-Sir pour lequel il se sentait une pitié croissante. Il se souvenait de la façon dont le baigneur l'avait si bien traité, dans son établissement, et se rappelait l'intention qu'il avait eue, ce jour-là, de lui manifester de quelque façon sa reconnaissance.

— Rien, à ce que je sache, dit Abou-Sir. C'est la volonté d'Allah, car c'est lui qui gouverne tout, et ses intentions sont parfois insondables. Remets-moi dans le sac et accomplis ton devoir.

— Non, répond le bourreau. Le moment est venu de te rendre le bien que tu m'as fait. Attends ici mon retour, et alors tu m'accompagneras à la maison. Je te cacherai dans ma chambre, et par la suite nous verrons bien.

Alors le bourreau a rempli le sac de pierres, pour simuler le corps d'Abou-Sir, il a bien serré le sac et s'est installé avec lui dans un canot. Avant de s'en aller à la rame, il a encore dit à Abou-Sir :

— Prends ce filet qui pend là et pêche, afin que personne ne se demande ce que tu fais au bord de l'eau. Si tu en attrapes, tu peux les nettoyer, en m'attendant. Et il a jeté son couteau à Abou-Sir, en ajoutant : — Cela nous ferait un bon souper.

Là-dessus, il a ramé vers le palais du sultan.

Dès qu'il en fut en vue, le sultan lui-même est apparu à sa fenêtre. Il a fait un signe de la main, et le bourreau a jeté le sac à la mer.

Au moment où le sac s'enfonçait dans l'eau, quelque chose a brillé dans les remous. Le bourreau a cru que c'étaient des éclaboussures qui avaient scintillé au soleil, et qui retombaient. Il ne s'en est pas soucié davantage.

Par contre le sultan, lui s'en est fort soucié. Il savait bien, lui, qu'il ne s'agissait pas de gouttelettes d'eau dues à la chute du sac. Il savait que c'était sa bague, sa belle bague, qui avait glissé de son doigt quand il avait donné le signal. Et c'est sa bague, qui était tombée à la mer!

Si encore cela avait été une bague ordinaire, même précieuse. Mais c'était une bague magique. Si le sultan voulait abattre quelqu'un, n'importe qui, aussi bien un roi étranger qu'un soldat indiscipliné, il suffisait qu'il pointe en sa direction son index avec cette fameuse bague, il en sortait un éclair qui faisait directement tomber la tête de l'importun, quel qu'il soit!

Quand à Abou-Sir, que devenait-il?

Pendant que le sultan se souciait de la perte de ce bijou qui faisait sa puissance, il jetait son filet à l'eau, restait un moment assis à attendre, puis retirait son filet. Il était plein de poissons. Il en choisit le plus gros, le tua, l'éventra pour le nettoyer afin de le cuire. Dans le ventre du poisson, il a trouvé une bague. La bague du sultan! Le poisson se trouvait justement dans les eaux sous le palais quand la bague y était tombée, et il l'avait avalée. Abou-Sir, trouvant la bague, et sans savoir qu'elle était magique, se l'est passée au doigt.

Le bourreau revint et il se figea de terreur à la vue de cet anneau que tout le monde craignait au palais, aussi bien les courtisans que les soldats.

— Ote vite cette bague de ton doigt! s'éxclama-t-il.

Abou-Sir enleva la bague et le bourreau lui expliqua le charme terrible qu'elle contenait. Abou-Sir, après avoir réfléchi un instant, a alors dit :

— Je ne vais pas t'accompagner chez toi. Je te remercie, mais je vais plutôt me rendre chez le sultan.

— Va, dit le bourreau. Maintenant, il ne peut rien t'arriver. Tu n'aurais qu'à pointer ton index avec la bague en direction du sultan pour faire rouler sa tête au sol.

Abou-Sir a enfilé la bague à son index, et il est allé chez le sultan. Il l'a trouvé très préoccupé.

Le sultan savait que ses courtisans et ses soldats ne le craignaient, lui, qu'à cause de cette bague. Il savait que dès que la nouvelle de sa perte serait répandue par la ville et le palais, ses soldats pourraient se révolter, les courtisans le renverser ; comment pourrait-il se défendre? Ils allaient lever leurs sabres, et cette fois c'est la tête du sultan qui allait rouler.

Il entend alors des pas se rapprocher, et il regarde du côté de la porte, croyant déjà voir des soldats et des courtisans venus pour le renverser. Mais sur le seuil, il n'y a qu'Abou-Sir. Et à son index, la bague magique, la bague perdue, brille d'un éclat qui semble menaçant au sultan désemparé.

Ne comprenant rien à ce qui se passe, il frissonne. Est-ce qu'Allah, le tout-puissant, a fait sortir de l'eau ce barbier en lui ayant enfilé la bague au doigt à seule fin qu'il vienne pointer l'index vers lui, le sultan, pour faire rouler sa tête au sol?

Mais Abou-Sir a baisé le sol aux pieds du sultan, il a doucement retiré la bague de son doigt et l'a tendue en disant :

– Ne te fâche pas, sultan, si la bague sent un peu le poisson.

Et il lui a raconté comment la chose s'était passée.

Le sultan, fort soulagé, l'a embrassé, remercié, lui a fait prendre place à ses côtés et à son tour il lui a raconté la raison de sa crainte et de sa colère. Ils comprirent que toute la faute revenait à Abou-Kir.

– Amenez ici ce teinturier! cria le sultan à ses soldats. Et ils l'ont bientôt amené.

– Mettez-le dans un sac, et liez bien le sac! ordonna le sultan. Et allez jeter le sac à la mer! ajouta-t-il.

Les soldats ont mis Abou-Kir dans un grand sac qu'ils ont étroitement lié.

Abou-Sir s'est jeté aux pieds du sultan en l'implorant :

– O sultan! C'est un vaurien, mais je lui pardonne. Nous sommes liés à la vie et à la mort.

– Mais moi, je ne puis pardonner, dit le sultan. Je dois, en toute justice, vous séparer. Il a donné le signal, et les soldats ont jeté le sac contenant Abou-Kir par la fenêtre, directement dans la mer.

Ensuite, le sultan a encore demandé :

– Abou-Sir, as-tu quelque souhait à formuler?

· Oui, répondit Abou-Sir. Donne-moi ma liberté pour que je retourne chez moi, à Alexandrie. Ici, désormais, rien ne peut plus me réjouir.

– Je pourrais faire de toi mon grand vizir, lui propose le sultan.

– Je n'ai pas envie d'être vizir, répond Abou-Sir. Je suis barbier et baigneur. Et je languis de retrouver mon pays.

Alors le sultan a comblé Abou-Sir de cadeaux, il lui a même donné un bateau, et

Abou-Sir a levé l'ancre ; les vents lui ont été favorables, les courants marins l'ont mené en ligne droite au port d'Alexandrie. En débarquant, Abou-Sir s'est jeté au sol pour baiser le sable du rivage de sa patrie, et alors il a vu, rejeté par l'onde, un sac. Il l'a ouvert, et il a vu qu'il contenait le cadavre d'Abou-Kir. Les courants marins l'avaient ramené là d'où il venait.

Abou-Sir a pleuré sur son ancien frère, il lui a fait des funérailles grandioses, et sur la stèle funéraire il a fait graver ces vers :

Ami, si tu passes par ici
arrête-toi et réfléchis à ceci :
Qui mal agit, mal finit,
car Allah le punit.
De l'oseille, n'essaie point de tirer du miel.
Par décoction ou par pression,
elle restera aigre!

De nos jours encore, il est un endroit près d'Alexandrie qu'on appelle Abou-Kir. Et les gens se souviennent toujours du teinturier de ce nom et de son ami le barbier Abou-Sir.

On en était arrivé au vingt et unième jour du ramadan. Le tailleur dit à ses compagnons rassemblés comme à l'accoutumée :

— Lorsque le jeûne prendra fin, pour mon premier déjeuner je me ferai servir du mouton à l'étouffée, avec des pruneaux et du miel. Le tout bien assaisonné de gingembre, poivre, muscade et oignon. Naturellement, sans oublier le sel. Et la goutte de fleur d'oranger, pour parfumer.

— Un peu de coriandre va bien aussi, note le soldat.

A nouveau, ils imaginent des plats débordant de viande de mouton, de pruneaux, brillants et suitant de graisse et de miel...

— Raconte-nous vite quelque chose, demande alors le tailleur au jeune bateleur, en constatant que son estomac réclame.

Et le jeune homme a volontiers raconté cette dix-septième histoire.

L'ESCALIER ENSORCELÉ

L'ESCALIER ENSORCELÉ

A l'époque, tous les habitants du village de Sarhan connaissaient l'âne du maraîcher Youniss, l'ancienne maison d'une vieille sorcière et un sage érudit, du nom de Bahman.

L'âne du maraîcher n'arrêtait pas de braire, et pour comble il avait une voix extrêmement désagréable. Il était entêté, vicieux, n'aimait pas travailler et n'obéissait guère à son maître. Youniss avait à peine quitté son âne du regard que l'animal arrivait à dénouer son attache et à se sauver dans les champs. Et il fallait longtemps à Youniss, pour le retrouver. Alors, épuisé, il le ramenait à la maison et l'attelait à la charrette, en l'y attachant solidement, pour aller vendre ses légumes au village. Et pendant tout ce temps-là l'âne n'arrêtait pas de braire et de se lamenter.

Tout le monde connaissait l'âne, et au village tout le monde connaissait aussi le fameux escalier ensorcelé. C'était tout ce qui restait d'une vieille bicoque abandonnée, habitée il y a très longtemps par une méchante sorcière. Quelques marches de bois, ne menant plus qu'à un parquet défoncé. Mais une fois par an, en un certain jour d'été, il se passait des choses bien étranges, sur cet escalier ensorcelé.

Celui qui s'en approchait et y montait ce jour-là, connaissait toute la journée des aventures bien étranges.

A propos de ces quelques marches, on racontait au village les contes les plus fabuleux. Par exemple, l'histoire de ce voleur qui s'était introduit dans une ferme du village et y avait volé un chevreau. Il s'était sauvé, et caché dans la ruine de la maison de la sorcière. Mais en passant par l'escalier, il avait subi sa force démoniaque. Son corps s'est figé, raidi, il s'est pétrifié et changé en statue. Le chevreau lui a alors échappé et est retourné à sa bergerie.

Une autre fois, des gens avaient vu un agneau sur les marches, et quand ils se sont approchés pour se saisir de l'animal, il lui a poussé des ailes et il s'est élevé dans les airs. Il a survolé tout le village, puis il s'est posé sur le minaret de la mosquée, et s'est mis à chanter d'une voix étrange. Une sorte de chant de rossignol mélangé à des bêlements de mouton.

Cet escalier de la maison de la sorcière était vraiment l'une des curiosités de ce village. Mais une autre curiosité de l'endroit, était aussi un érudit, le sage Bahman. C'était un homme bizarre, qui avait des habitudes étonnantes pour les autres. Il vivait à l'écart, avec sa vieille épouse, en dehors du village. Il avait coutume de se lever très tôt, le matin, pour aller se promener, en silence, par les champs et les prés. Il ne parlait jamais à qui que ce soit, il ne faisait qu'observer les alentours, l'air rêveur, plongé dans ses pensées, ou bien il s'asseyait pour lire dans un livre. Le soir, il passait un moment en compagnie de sa femme, en buvant du thé.

Un beau jour d'été, très tôt à l'aube, le maraîcher Youniss s'est dirigé comme d'habitude vers l'écurie pour atteler son âne à la charrette et aller vendre en ville ses fruits et légumes. Pendant la nuit, l'âne s'était détaché, si bien que dès que son maître a ouvert la porte de l'écurie, il a foncé au dehors et s'est sauvé à toute vitesse.

— Maudite bête, tu ne perds rien pour attendre ; je finirai bien par te rattraper, et ton échine connaîtra le feu de la rossée que je vais t'administrer, criait le maraîcher en courant après son âne. L'âne courait, le maraîcher le poursuivait, d'une rue à l'autre, d'une ruelle à l'autre, pour arriver enfin dans la rue où se trouvait la ruine de la maison de la sorcière. — Maintenant tu ne m'échapperas plus, — cria le maraîcher à son âne, car cette ruelle était en cul-de-sac.

Ce même jour, également à l'aube, l'érudit Bahman était aussi sorti de chez lui. Il s'était dirigé vers cette même petite ruelle en cul-de-sac. Lentement, il avait monté les marches de l'escalier ensorcelé, et de là-haut, il contemplait l'horizon immense, comme plongé dans de profondes réflexions. Juste à cet instant l'âne fugitif arrivait au bas de l'escalier et, derrière l'âne, le maraîcher qui le poursuivait.

— Je t'en prie, seigneur érudit, aide-moi à rattraper cet âne maudit! s'écria Youniss. Le pauvre âne ne savait que faire. En désespoir de cause, il s'est mis à gratter le sol, et à regarder effaré, juste au moment où le sage homme répondait à Youniss :

— Ne crains rien, ne crains rien... je vais l'attraper!

En cet instant, les deux regards se sont croisés, le regard du savant et le regard de l'âne. L'âne regardait le savant en plein dans les yeux, et le savant regardait l'âne en plein dans les yeux également. C'est alors que tout est arrivé. En un clin d'œil, le savant Bahman s'était changé en âne, et l'âne en savant. Le maraîcher constate soudain que l'âne est en haut des marches, tandis que le savant est en bas. Il ne comprend pas ce qui se passe, mais il se précipite sur le savant pour le remercier.

— Je te remercie, je te remercie infiniment, seigneur plein de sagesse! lui dit-il. Puis il grimpe vite jusqu'à l'âne pour le tenir et l'emmener.

— Maintenant, tu vas la recevoir, ta correction! Infâme animal, tu vas en recevoir, pour t'être encore sauvé. Je vais t'apprendre à obéir, moi! Et tout en invectivant l'animal, il tire sur le licol pour l'emmener.

Youniss, le maraîcher, ne savait évidemment pas que ce qu'il tirait, c'était le savant Bahman. Il croyait qu'il emmenait son âne. Et l'âne, qui s'était changé en homme, était bien content de ce que son maître ne s'occupât pas de lui. Mais il était surtout content de voir le maraîcher s'incliner devant lui, de l'entendre le remercier, et d'emmener, à sa place, cet autre âne qui était soudain apparu là.

Mais il y en avait un qui n'était pas content du tout. C'était le savant Bahman!

Voilà qu'il a constaté soudain qu'il a l'aspect d'un âne, avec quatre pattes, deux grandes oreilles, une longue queue et, pire que tout, un cercle pesant autour du cou, par lequel le tire le maraîcher Youniss.

Le sage, l'érudit Bahman se plaignait grandement de ce malheur inattendu. Et sa douleur augmenta encore lorsque, voulant parler pour expliquer au maraîcher qu'il n'était pas l'âne mais bien le savant, il ne sortit rien de sa gorge qui ressemblât à parole humaine. Ce n'étaient que braiments affreux, semblables à tous les braiments des ânes : hi-han! hi-han! clamait le savant qui voulait crier : — Ô Youniss, laisse-moi tranquille, je ne suis pas ton âne, je suis l'érudit, le sage Bahman! Cherche ailleurs ton âne indocile!

En guise de réponse, Youniss tomba sur son échine à coups de bâton, en disant : — Tais-toi donc, cesse de braire, sale bête! Vas-tu enfin te taire?

Après avoir administré une volée de coups de gourdin à l'animal rétif, Youniss sauta sur son échine, et le chevaucha jusqu'au village, jusqu'à sa maison. Mais l'âne ne cessait de regimber, de crier et de souffler. Il a ainsi lancé ses braiments de douleur et de colère tout le long du chemin, jusqu'à ce qu'ils arrivassent à la maison du maraîcher. Là, Youniss a attelé l'âne à sa charrette de légumes, et a pris le chemin de la ville, pour aller vendre ses produits à ses clients qui devaient déjà l'attendre.

Pendant ce temps, l'âne véritable, changé en savant Bahman, s'était lui aussi mis en route vers la ville. Chemin faisant, il avait plongé sa main dans la poche de son veston, et il y avait trouvé un livre relié en peau. Il n'a pas réfléchi longtemps à ce qu'il fallait en faire : il l'a porté à sa bouche, y a mordu, et a mangé le tout, couverture comprise. Et il a trouvé cela bon!

Des gens passaient par là, qui connaissaient le savant, s'étonnaient fort de ses agissements : — Regardez, voilà maintenant que le savant mange son livre. Qu'est-ce qui lui arrive? L'un des passants s'est approché du savant, et lui a demandé :

— Dis-moi, seigneur Bahman, que manges-tu là?

L'âne sous l'aspect du savant a répondu :

— Quelque chose de très bon! Veux-tu en goûter?

A ce moment-là ses yeux sont tombés sur les chaussures qu'il avait aux pieds, et aussitôt leur sort a été réglé. Il en a d'abord retiré une, puis la deuxième, et il s'est mis à les déchiqueter, mâcher, avaler. Il a mangé tout, jusqu'aux semelles, et puis il s'est attaqué aux lacets. Les gens le regardaient faire, ahuris, et ils se disaient : « Ce docte Bahman, il n'y a pas de doute, est devenu fou! »

Quand il a eu fini de manger ses chaussures, le savant s'est remis en route et est parti, nu-pieds.

Les gens l'ont suivi. La petite troupe est ainsi arrivée dans un champ de trèfle, tout verdoyant. Le docte Bahman s'est mis à quatre pattes, a enfoncé sa tête jusqu'aux oreilles dans le trèfle et s'est mis à paître, comme le font tous les ânes du monde. Puis, après s'être relevé, il s'est dirigé vers un canal où, penchant la tête, il a bu goulûment. Il ne se souciait pas de la saleté de l'eau de ce canal d'irrigation.

Quelqu'un s'est alors écrié : — Mais regardez donc, le savant se tient à quatre pattes comme une bête! Je vous le dis, il a perdu la raison! Et un autre a ajouté : — C'est sûr et certain. Il est fou. Il a perdu la raison.

— Qu'est-ce que vous racontez? Vous pensez que je suis fou? Je suis plus sain et fort de corps et d'esprit que je ne l'ai jamais été. J'en porterais aisément trois ou quatre d'entre vous sur mon dos! s'est exclamé le savant, ou du moins celui qui en avait l'aspect, tout irrité.

Alors seulement, l'un des assistants a eu pitié de Bahman, et il a dit :

— Il est arrivé quelque chose à cet homme plein d'esprit et de sagesse. Ramenez-le chez lui, pour qu'il se repose. Les gens ont fini par décider de ramener le savant à son domicile, auprès de sa femme, pour qu'elle l'apaise et le soigne.

Ce qui arrivait au véritable savant Bahman, sous son aspect asinien, était bien pire. Le maraîcher Youniss l'avait attelé à sa charrette de légumes et fruits et, tout le long de la route menant à la ville, il n'avait cessé de le faire marcher à coups de fouet. Et l'âne ne cessait, lui, de braire, comme s'il avait appelé les gens à son secours.

Quand ils sont arrivés à la maison de la première cliente, celle-ci a interpellé le maraîcher :

— Où as-tu traîné, Youniss? Te voilà bien en retard, aujourd'hui! Pèse-moi vite un kilo d'oignons. Laissant son panier à terre près de la charrette, elle est rentrée pour chercher son porte-monnaie.

Le charrette arrêtée, l'âne s'est tu, à la surprise de son maître qui a sauté à terre pour peser les oignons. Mais dès qu'il eut ouvert le sac, il a vu un phénomène étrange. Les oigons se sont mis à remuer tout seuls, à bondir, à sauter hors du sac pour aller retomber, l'un après l'autre, sur le plateau de la balance, comme s'ils y étaient jetés par des mains invisibles. Et il y en avait tout juste un kilo, pas un de plus, pas un de moins.

Le maraîcher restait là, figé de stupéfaction, sans en croire ses propres yeux. Mais ce n'était que le commencement des phénomènes étranges qui allaient bientôt survenir. En un instant plus bref qu'un clin d'œil, les oignons, sur le plateau de la balance, se sont changés en tout petits enfants. Chacun d'eux avait deux mains, deux pieds, de jolis petits visages souriants sur un corps de la grandeur d'un oignon. Ces petits êtres se sont pris par la main et se sont mis à danser une ronde, en mesure, comme s'ils entendaient une musique guillerette.

Youniss, hypnotisé par cette scène étrange et charmante, restait là, comme changé en une statue de sel. Les bébés oignons ont encore dansé un moment, puis ils se sont alignés en file et ont entrepris de se dépouiller de leur robe. Ils ont rejeté par-dessus le bord du plateau leurs pelures d'oignons, et sont apparus, tout blancs et brillants. Enfin ils se sont précipités d'eux-même du plateau de la balance dans le panier de la cliente qui était allée chercher son porte-monnaie.

Justement, elle revenait, et en voyant son panier elle dit au maraîcher :

— Merci bien, maraîcher, d'avoir épluché pour moi les oignons. Cela me fera regagner le temps déjà perdu à attendre votre arrivée.

Mais Youniss, plein de confusion, contemplant toujours ses oignons, dans le panier cette fois, a demandé à la cliente :

— Vous les avez bien regardés? Ils sont en bon état?

— Oui, ils sont très bien, tu es un vendeur adroit. Vendre ta marchandise toute épluchée, c'est beaucoup mieux, lui répondit la femme, qui paya ce qu'elle lui devait.

Le maraîcher n'a plus rien dit. Sans attendre son reste, il a sauté sur sa charrette et a crié à son baudet qui ne cessait de braire : — Hue, bourricot, hue!... — Et, ajoutant quelques coups de fouet il lui dit encore : — Et cesse de braire ainsi, car tu me fais tourner la tête! — A part soi, il se murmura : « Je dois être malade, c'est pas possible... »

C'est ainsi qu'ils sont allés jusqu'à la crémerie ; le maraîcher était agacé et soucieux et son âne ne cessait de braire à fendre l'âme. Dès qu'il a entendu les braiments de l'âne, le crémier est arrivé sur le seuil de sa boutique en disant :

— Enfin te voilà, Youniss. Je craignais déjà que tu ne viennes pas m'apporter les melons que tu m'as promis. Mais qu'est-ce qu'il a aujourd'hui, ton âne, à ne cesser de braire?

— Qu'Allah me protège, mais je n'en sais rien, je me demande ce qui lui a pris aujourd'hui! répondit Youniss en faisant arrêter la charrette. L'âne s'est tu. Youniss est descendu, il a tendu la main vers les melons pour les donner au crémier impatient.

Cependant, Youniss avait à peine touché le premier melon que le fruit s'est élevé dans les airs et est venu survoler la tête du maraîcher. Soudain, sur le melon, sont apparus deux yeux brillants, puis une large bouche s'y est ouverte, montrant deux rangées de dents blanches, luisantes. Le maraîcher croyait voir la face de la lune! Le

malheureux se prit la tête dans les mains en disant : — Que d'étranges choses je vois aujourd'hui! J'en ai assez, de toutes ces sottises! Je dois être en proie à la fièvre!

Et l'âne se remit à braire. Et dès que sa désagréable voix s'était fait entendre, le melon est redevenu melon, et est revenu bien vite se ranger dans le panier que tendait le crémier.

Ce dernier s'est fâché contre le maraîcher : — A-t-on idée de jeter ainsi les melons? si celui-ci était retombé par terre, il se serait écrasé.

Youniss, inquiet, lui a demandé : — Regarde s'il ne lui est rien arrivé?

— Allah soit loué, il est en parfait état, dit le crémier.

Le maraîcher a repris place sur sa charrette, et, sur un ton de colère exacerbée, a incité son âne à se remettre en route : — En avant, hue! âne de malheur! Emmène-moi vite loin d'ici, et tais-toi, tes braiments incessants finiront par me rendre complètement fou!

Il s'en est allé hors de la ville, ne s'arrêtant plus nulle part, ne répondant pas aux appels de ses clients habituels. Il n'avait plus qu'un seul désir. Rentrer chez lui, et soigner cette fièvre qui lui obscurcissait l'esprit. Et tout le long du chemin, cet âne ne cessait de brailler jusqu'à en avoir la voix encore plus enrouée. Et pour comble, le soleil, impitoyable, frappait le visage et le dos des gens, sans merci. Et le vent était tombé.

La chaleur, la fatigue, l'énervement, tout cela avait desséché la gorge du maraîcher aussi bien que celle de l'âne. Mais ils allaient toujours, sans s'arrêter, jusqu'à ce qu'ils arrivassent au pied d'un grand arbre qui offrait son ombre. Youniss fit stopper son attelage, sauta à bas de la charrette, se munit d'une grande jarre de terre, la remplit d'eau au canal d'irrigation qui coulait au pied de l'arbre, et but à larges goulées. Puis il fouilla dans la charrette pour en retirer un seau, qu'il remplit jusqu'au bord et présenta à l'âne. En voyant l'eau, le bourricot cessa de braire, pencha la tête vers le seau et en but tout le contenu d'un seul coup. Il ne restait pas la moindre petite goutte au fond de seau.

« Maintenant, je pourrai peut-être me reposer un peu, » se dit le maraîcher quand l'âne eut fini de boire. Il grimpa dans la charrette, se fit une place parmi les paniers de légumes et les cageots de fruits, puis il s'allongea confortablement. Lentement, ses paupières s'alourdissaient ; peu à peu il entrait dans le pays des rêves, entrevoyant toujours l'image vague de ses paniers et caisses de marchandises.

Soudain, que se passa-t-il encore? Le cageot contenant les poires se changea en maisonnette, avec porte et fenêtres. Il regarde à l'intérieur de la maison, par une fenêtre du cageot, mais il n'y voit plus de poires. Il y a là des petites filles au visage rose, aux lèvres vermeilles et avec un tout petit nez. Les fillettes se tiennent par la main, elles dansent une jolie ronde, tout en chantant.

« Jamais je n'ai vu chose pareille, » s'étonne Youniss. Et il se tourne sur l'autre côté. De là, il voit les choux. Mais soudain chaque chou se change en un petit bonhomme, avec un tout petit corps pas plus grand qu'un empan. Sur la tête, chacun porte un turban vert qui lui cache le front, ainsi que les oreilles. Ces petits bonshommes ont l'air grave, très grave, comme s'ils étaient les plus sages et les plus érudits de tous les cheiks d'un village arabe. Et peu après tous ces petits cheiks se rangent en une longue file qui s'ébranle en direction de la maisonnette aux poires.

Ils ont sauté sur la fenêtre, d'où ils contemplent les petites filles qui dansent et chantent dans la maisonnette. C'est à ce moment-là que, de quelque part au fond de la charrette de légumes, sont sorties de très grandes gousses de petits pois, qui se sont placées en deux rangs face-à-face. Soudain sur chaque gousse un petit bonhomme est monté comme sur un cheval, tenant en main une épée, venue qui sait d'où. C'était comme si se préparait une bataille au temps des antiques tribus arabes.

C'est alors que les petits filles de la maison aux poires sont sorties par la fenêtre, et se sont mises à inciter les petits cavaliers à se battre. Alors, tout a commencé. Les deux rangées se sont impétueusement jetées l'une contre l'autre, les petits bonshommes taillant à gauche et à droite à coups de lance ou d'épée.

Soudain l'âne recommença à braire. Alors les gousses de petits pois ont regagné leur panier, les petits bonshommes sont redevenus des choux. La maisonnette aux petites filles n'était plus une maisonnette, mais une simple caisse de poires.

Quant à l'âne, il brayait et brayait. Hors de lui, le maraîcher s'est jeté sur l'animal, lui a mordu l'oreille en lui criant : — Sale bête, c'est toi la cause de tout! — Puis il s'est mis à battre l'animal à coups de bâton, de pied, de poing, tout en l'abreuvant des noms les plus saugrenus.

Le malheureux Bahman, en dépit de sa forme asine, ne pouvait tant en supporter. Il a donc pris la fuite. Il courait, comme un désespéré, mais dans sa course il était suivi par la charrette qu'il entraînait, cahotante et sautante. Youssif s'accrochait comme il pouvait aux ridelles, en hurlant : — Arrête, arrête donc, animal de malheur!

Mais l'âne filait, plus rapide que le vent. Dans une courbe, le maraîcher parvint à sauter à bas du véhicule. Il vit disparaître l'attelage et l'âne dans les broussailles, derrière une colline plus élevée que les autres. Pauvre maraîcher! Cette fois, il croyait bien avoir définitivement perdu son âne, sans parler de la charrette et toute la marchandise qu'elle contenait.

Le soleil descendait vers l'horizon quand le malheureux Youniss, épuisé et désolé, rentrait au village. Dès les premières maisons, il rencontre la femme du savant, du sage érudit Bahman. Anxieuse, elle recherchait son mari partout, regardant de tous les côtés. Elle le recherchait, car il était sorti au petit matin et elle ne l'avait pas revu depuis. Rencontrant Youniss, qui venait de la campagne, elle lui demanda :

– Dis-moi, maraîcher, est-ce que tu n'as pas vu mon mari, le sage Bahman?

– Et toi, n'as-tu pas rencontré mon âne, avec ma charrette? lui demanda le maraîcher, sans même répondre à sa question.

La femme s'est mise à pousser des cris :

– Que viens-tu, par Allah, me parler d'âne encore! Il y a bientôt une heure qu'un âne entêté comme une mule s'est mis à vouloir entrer dans ma maison. Chaque fois que je le chasse, il revient, et il passe la tête par la porte, comme s'il voulait entrer!

– Cet âne nous en fera voir de toutes les couleurs, dit le maraîcher, en se dirigeant à la hâte vers la maison de la femme du sage Bahman. La femme le suivit. Quand ils sont arrivés chez elle, Youniss a vu, stupéfait, l'âne à la fenêtre, la tête passée dans l'encadrement.

– On dirait que l'âne veut rentrer à toute force, dit le maraîcher. Le mieux est encore de le laisser faire, et une fois qu'il sera dedans, je l'attraperai plus aisément.

La femme a ouvert la porte, l'âne s'est précipité dans la maison, se dirigeant tout droit vers la chaise sur laquelle le sage Bahman avait l'habitude de s'asseoir. Et l'âne s'est assis. En voyant ça, la femme, hors d'elle, a crié : – Que dirait mon mari, le sage Bahman, s'il revenait maintenant, et s'il voyait... Elle n'a pas dit s'il voyait quoi. Au loin, elle avait entendu une voix qui ressemblait à celle de son époux.

Et en effet, au coin de la rue apparaissait Bahman en personne – enfin, celui qui ressemblait au sage, mais qui en réalité était bel et bien l'âne changé en Bahman. Deux hommes du village le soutenaient, l'un de chaque côté, l'amenaient chez lui en lui parlant doucement : – Il faut rentrer chez toi, Bahman. Il faut que tu te reposes à la maison, quand tu te seras reposé et calmé, tout ira bien, tu verras.

Bientôt le trio était arrivé à la maison du savant. La femme demanda tout de suite :

– Où étais-tu, toute la journée, mon cher mari? Je craignais qu'il ne te soit arrivé quelque malheur. Viens, mon Bahman, viens voir que chez nous, il y a un âne assis dans notre salon et sur ta chaise préférée!

– Un âne? s'écria le faux Bahman qui se lança vers la fenêtre, pour voir cet âne assis sur une chaise.

Alors, le regard de Bahman a croisé le regard de l'âne. Et il s'est passé quelque chose d'étrange. L'âne, que tout le monde voyait assis sur la chaise, était du coup devenu Bahman, et dehors, regardant par la fenêtre, il n'y avait plus Bahman mais bel et bien un âne, l'âne de Youniss le maraîcher.

Cela s'est passé si vite que les gens restaient là, immobiles devant ce changement si rapide qu'ils n'avaient rien vu. L'un était à la place de l'autre, l'autre à la place de l'un, et c'est tout. Il leur a fallu un bon moment pour réaliser toute la vérité. On en arrivait à la fin de ce jour de l'année où toutes les plus étranges fantaisies peuvent avoir lieu. C'était la fin de cet unique jour de l'été pendant lequel l'escalier ensorcelé avait le pouvoir magique de mystifier tous ceux qui passaient par là.

Cette nuit-là, le pauvre philosophe n'a pas fermé l'œil un seul instant. Il revoyait toujours, en imagination, les péripéties et les souffrances de cette folle journée. Repensant aux coups de bâton, il ne cessait de se tourner et se retourner sur sa couche.

Au petit matin, à peine l'aube blanchissait-elle le ciel du levant, il s'est muni d'une hache, et a pris, décidé, le chemin de la ruelle en cul-de-sac. Encore empli de colère, il a démoli à grands coups les marches de vieux bois, n'en laissant que miettes et sciure. Mais pour être plus sûr, il a fait un tas des débris, et y a mis le feu. Et il n'est pas parti de là tant qu'il y eut encore la moindre parcelle de bois non brûlée. Il voulait voir, de ses yeux, qu'il n'y avait plus la moindre trace de cet escalier diabolique!

— Au diable ce jeûne! s'exclama le pêcheur. C'était le vingt-deuxième jour du ramadan. Et il ajouta : — Quand ce sera enfin fini, je demanderai à ma femme de me préparer un bon poisson au four, avec une sauce à l'ail, et des tomates, et de l'oignon, du piment doux, du citron, et toutes sortes de condiments....

— Oui, c'est un fameux plat! Mais il s'agit d'avoir des citrons bien confits, ajouta le militaire, qui s'y connaissait, ayant tant voyagé. J'ai mangé du poisson délicieux, préparé de cette façon, aux Indes.

Et ils se plongèrent dans un silence rêveur, voyant en imagination un énorme plat de poisson à la mode indienne.

— Raconte-nous vite une histoire, prie alors le pêcheur au conteur. Nous sommes de plus en plus en train de blasphémer et et de pécher contre Allah!

Et le conteur a entrepris de leur exposer la dix-huitième histoire de ce mois de ramadan.

LE DEVIN DU VILLAGE

LE DEVIN DU VILLAGE

Il y avait déjà cinq ans que vivaient ensemble, dans leur petite chaumière, Halima et son mari Mardjan. Au temps d'avant le mariage, Mardjan avait été un jeune homme gentil, souriant, aimable, qui n'avait que des douces paroles pour sa promise Halima ; il ne faisait que la flatter et la caresser.

Mais depuis qu'ils étaient mariés et vivaient à deux sous le toit de cette vieille masure, il avait complètement changé. Il était devenu d'un seul coup, un homme rude, mauvais même, et toujours de méchante humeur. Pour sa jeune femme, en guise de flatteries, de douces paroles et de menues gentillesses, il n'avait plus, maintenant, que paroles offensantes, reproches, insultes même, sans parler des coups qui parfois tombaient sur la malheureuse. Et elle se demandait pourquoi il avait tant changé, sans parvenir à comprendre.

Mardjan était berger. Il partait tôt le matin, pour aller paître moutons et chèvres, et ne rentrait qu'à la nuit tombante. Pendant ce temps-là, Halima faisait le ménage, s'occupait de la basse-cour et préparait le déjeuner. Quand le soleil était au zénith, marquant midi, elle allait porter à manger à son mari, au pâturage qui n'était pas très éloigné. L'après-midi elle faisait la lessive, ravaudait et cousait, puis elle faisait les crêpes du repas du soir, le plat préféré de son époux.

Elle aurait traversé le feu pour son mari, elle l'aurait suivi à travers le désert, mais lui, n'aurait pas remué le petit doigt pour elle.

Le soir, au cours du repas, il ne faisait que grogner, puis il allait se coucher tout de suite après avoir mangé. Jamais il n'avait un sourire pour Halima. Jamais il ne lui répondait d'un mot gentil.

Il lui arrivait de sortir, après le repas, pour aller rejoindre des amis et passer la soirée avec eux. Parfois il ne rentrait qu'au petit matin, excité, de très mauvaise humeur, avec une expression mauvaise dans le regard. Malheur à Halima si elle osait murmurer! Car alors il prenait son bâton et allait jusqu'à la battre.

Un soir que Mardjan était ainsi allé retrouver ses compagnons, Halima décida d'aller consulter le devin du village, qui habitait en dehors de l'agglomération une cabane branlante, loin de toute autre habitation, dans un coin vraiment désert.

Chemin faisant, elle se faufilait, se courbait pour éviter d'être vue de quelqu'un du village. C'est que, si on le savait, il y aurait de multiples racontars! Les gens n'auraient parlé que de cela durant des mois entiers. Pensez donc, aller trouver le devin, une femme! Les amis de Mardjan en auraient fait des gorges chaudes, ils se seraient moqués de lui, parce que sa femme croyait aux sornettes des devins. Et Mardjan, en apprenant la chose, ne manquerait pas de la battre une fois de plus.

Le cœur serré d'angoisse, elle pousse la porte de la cabane du devin, et jette un regard effarouché à l'intérieur. Au milieu de la chambre obscure, les yeux fixés sur un chaudron où quelque liquide bouillonnait, était assis un vieillard très maigre, à longue barbe blanche.

— Entre, Halima. Sois la bienvenue. Assieds-toi. Je t'attendais, dit le devin. Il verse quelque chose dans le chaudron, et une vapeur verte s'en dégage, dans un grand bruit de bouillonnement. Pourquoi restes-tu sur le seuil? Entre, approche, viens t'asseoir devant moi. Et raconte-moi ce qui t'amène, l'encourage le vieillard avec aménité.

Halima hésite encore un peu, puis elle s'enhardit et, le cœur battant, elle va s'asseoir dans le coin de la chambre. Comme pour être le plus loin possible de ce mystérieux vieillard, et surtout de cet inquiétant chaudron bouillonnant.

— Alors, Halima, dis-moi ce que tu veux. Tu ne t'es pourtant pas décidée à venir jusqu'ici pour rien. Si tu ne me le dis pas tout de suite, je te jette un sort! dit le devin, que le silence de sa visiteuse commençait à agacer.

Pauvre Halima! Elle n'avait pas encore prononcé une seule parole, et ce vieux voulait déjà lui jeter un sort! La gorge serrée, l'angoisse au cœur, elle entreprend de raconter sa triste histoire.

— Et tu voudrais que je te vienne en aide? lui demande le devin, quand elle a fini de tout dire.

— Je t'en prie, conseille-moi, dis-moi ce que je dois faire pour que mon mari redevienne aimable et gentil, comme il l'était avant le mariage. Je voudrais qu'il m'aime comme avant, supplie la malheureuse et triste Halima.

Lentement, le vieux s'est levé, il a redressé la tête et a fixement regardé la pauvre Halima, tout effarée, en plein dans les yeux. Puis il a étendu le bras au-dessus du chaudron et a dit d'une voix grave :

— Ton mari redeviendra aimant et poli envers toi.

— Mais quand? Je ne pourrai plus le supporter longtemps, tel qu'il est maintenant, sanglota soudain Halima, qui ne pouvait plus contenir son émotion.

— Ton mari redeviendra amoureux de toi quand tu m'auras apporté trois poils de la crinière d'un lion vivant, déclara le devin, qui se rassit devant son chaudron. Désormais il ne prêtait plus la moindre attention à Halima. Comme si elle n'avait pas été là.

La malheureuse femme tremblait de tout son corps, inondé de sueur froide. Trois poils de la crinière d'un lion vivant! Comment faire pour se les procurer? Ou bien le lion la dévorera, ou bien elle restera toute sa vie dans cet enfer, à la maison. Ah! Pourquoi donc est-elle venue au monde! Que de souffrances sur cette terre!

Elle a encore pleuré un bon moment sur son triste sort, puis, lentement, elle s'est levée, et a regagné sa chaumière dans la nuit sombre.

Un soir, un lion qui allait, comme à son habitude, boire à une source, rencontra sur son chemin une femme tenant un agneau dans ses bras. Le lion, rugissant, se préparait à attaquer la femme, mais celle-ci, poussant un cri d'effroi, a posé l'agneau par terre et a vite reculé de quelques pas.

Halima, car évidemment c'était elle, a eu de la chance ce soir-là. Le lion a sauté sur l'agneau, il l'a dévoré, puis il est allé étancher sa soif à la source. Il n'a pas prêté attention à la jeune femme.

A partir de ce jour-là, Halima a attendu le lion tous les soirs, au point d'eau. Chaque fois elle tenait un agneau dans ses bras. Au bout d'un certain temps, le lion et la femme se sont habitués l'un à l'autre. Halima a surmonté sa crainte, et le lion a fini par se laisser caresser la crinière.

« Le moment est venu, » se dit alors la jeune femme. Passant doucement sa main sur la crinière du lion, elle fit mentalement la prière « Qu'Allah me protège! », car elle craignait que le lion ne se fâchât et ne la taillât en pièces.

Vite, elle a arraché trois poils à la crinière, en fermant les yeux. Elle pensait : « Maintenant, c'en est fini de moi, il va me bondir dessus! »

Cependant, le lion s'est contenté de rugir, pas trop fort. Puis elle a senti quelque chose de chaud et humide qui lui passait sur la main. Craintive, elle a entr'ouvert les yeux. Elle en eut le souffle coupé : le lion, couché à ses pieds comme un gros chat, lui léchait la main de sa grande langue rose.

Halima a encore caressé un peu le lion puis, sans plus perdre de temps, elle s'est hâtée d'aller porter ces trois poils de lion au vieux devin.

— Sois la bienvenue, Halima, et reprends ton ancienne lace, lui dit le vieillard à barbe fleurie lorsque, tout essoufflée, elle apparut sur le seuil de la cabane à moitié démolie.

— Je t'apporte les trois poils de la crinière d'un lion vivant. Dis-moi, maintenant, toi qui sais les choses et prédis l'avenir, dis-moi, devin, quand vais-je retrouver l'amour de mon mari? s'écria-t-elle, pleine d'impatience.

— Montre-moi cela, Halima, que je l'examine. Hum, oui, vraiment, ce sont des crins de lion vivant. Pour les obtenir, il t'a fallu du courage et de la patience! dit le vieux en hochant la tête d'un air approbateur. Puis il se raidit, regarda Halima droit dans les yeux, l'air sévère, et lui dit d'un ton ferme : — Explique-moi comment une femme capable de dompter un lion sauvage peut trouver une difficulté quelconque à dompter un simple homme, un mari, un chétif être humain? Rentre tranquillement

chez toi, Halima, réfléchis bien à mes paroles, et conduis-toi en conséquence. Ne te laisse pas faire, sois ferme mais patiente, et je suis sûr que ton Mardjan n'aura bientôt plus, pour toi, que douces paroles et tendres caresses.

Le cœur calmé, Halima est rentrée chez elle d'un pas plus ferme ; elle a préparé des galettes bien croustillantes et a attendu son mari, calme et sereine ; confiante, elle était sûre de retrouver l'amour de son époux.

— Moi, dit le paysan, lorsque les compères s'étaient retrouvés à leur place habituelle, dans l'après-midi du vingt-troisième jour du ramadan, je me contenterais, pour déjeuner, d'un bon morceau de pain tartiné de fromage blanc. Du bon fromage de brebis, que nous faisons chez nous. Avec un peu de sel, un rien de piment... c'est un véritable régal.

— On peut l'agrémenter d'un peu de ciboulette, de diverses fines herbes, comme le persil, le basilic, ajoute le soldat...

— Raconte-nous quelque chose, prie le paysan, en s'adressant au conteur populaire. Et le conteur, incité sans doute par ce qui venait d'être dit, s'est mis à leur exposer une histoire où il était question de pain et de fromage.

LE PAIN, LE FROMAGE ET LES DJINNS

LE PAIN, LE FROMAGE ET LES DJINNS

On raconte qu'il y a bien longtemps, quand les gens aidaient encore les djinns, et les djinns les gens, un vieillard riche autant que sage, vivait avec son fils.

Un jour, le vieux tomba gravement malade. Son état empirait d'un jour à l'autre, et la mort rôdait autour de sa demeure.

Faisant venir son fils à son chevet, le vieillard lui parla sans témoin.

— Écoute bien ce que je vais te dire, mon fils, lui dit-il sur un ton de grande gravité. Je m'en vais en te laissant une fortune importante. Allah me rappelle à lui, je le sens. Je voudrais que tu me promettes, quand je ne serai plus là, d'aller chaque vendredi au bord du Nil et là, d'un cœur bon et sincère, d'y jeter un quignon de pain et une tranche de fromage. Si d'aventure ta richesse s'envolait, et même si tu n'avais plus un seul sou vaillant, va au fleuve le vendredi, et jettes-y du pain et du fromage.

Ayant dit cela, le vieillard ferma les yeux et confia son âme à Allah.

Le fils tint fidèlement sa promesse. Ainsi que le lui avait demandé son père mourant, il alla chaque vendredi jeter dans le Nil un quignon de pain et un bout de fromage, tout en ne sachant pas pourquoi il devait faire cela.

Les jours passent, les semaines, les mois, les années passent, et le fils ne laisse pas passer un seul vendredi sans accomplir sa mystérieuse tâche. Mais rien ne dure éternellement. Au fil du temps, la fortune du fils s'est perdue et un beau jour elle avait complètement disparu. Voilà que le jeune homme, un vendredi matin, se trouve sans un bout de pain à la maison, sans fromage et sans un sou pour en acheter.

Tout triste, vraiment malheureux de ne pouvoir remplir sa mission, le jeune homme se rend au bord du fleuve, les mains vides. Fatigué de la longue route au grand soleil de midi, il s'assied à l'ombre d'un arbre, et laisse errer son regard à la surface de l'eau du fleuve. C'est la première fois qu'il n'y jette point pain et fromage et il en a le cœur serré.

Soudain quelle surprise, quelle chose étrange! Le jeune homme n'en croit pas ses yeux. Des ronds se dessinent dans l'eau, et du centre de ce cercle ondoyant sort un jeune homme qui vient vers lui. Comment un homme peut-il marcher sur l'eau? Ce doit être un djinn qui a pris forme humaine.

C'était vraiment un djinn. Pas n'importe lequel de ces djinns que l'on rencontre un peu partout, mais le fils du roi des djinns en personne.

— Sois le bienvenu au pays des djinns, jeune homme et dis-moi ce qui t'amène, dis-moi surtout pourquoi tu sembles si triste? demande l'apparition à notre jeune ami assis sous son arbre.

— J'ai promis à mon père, sur son lit de mort, de venir ici chaque vendredi, pour jeter dans le fleuve du pain et du fromage. Mais je suis ruiné, complètement ruiné, et aujourd'hui je n'avais pas un sou pour acheter ce pain et ce fromage, répond notre héros, fort accablé.

Le djinn s'écrie alors, tout réjoui :

– Ah! C'est toi! C'est toi qui m'as apporté à manger pendant que j'étais emprisonné. Sais-tu que, sans ton pain et ton fromage, j'aurais bien souffert de la faim. Je n'en serais pas mort, mais je n'aurais pas été à mon aise, durant tout ce temps-là, sans manger. Mon père, le très puissant roi des djinns, m'avait emprisonné après s'être fâché contre moi. Il avait interdit à nos gens de m'apporter quelque nourriture. Si tu savais comme je me réjouissais, le vendredi, de recevoir ton pain et ton fromage! Aujourd'hui, mon père, qui m'a pardonné, m'a libéré. J'étais justement venu pour te remercier. Maintenant, il faut que tu m'accompagnes au fond de l'eau. Mon père souhaite faire la connaissance et remercier l'homme qui, de bon cœur et avec dévouement, a porté assistance à un djinn.

Notre jeune ami a certes hésité quelque peu, il n'avait pas grande envie de plonger dans cette eau froide et boueuse. Mais que pouvait-il faire? Fermant les yeux, le cœur serré d'angoisse, il est entré dans le fleuve. Quand il a rouvert les yeux, il se trouvait dans une pièce somptueuse et devant lui, sur son trône, le roi des djinns le regardait en souriant.

– Approche-toi, jeune homme, l'invita le puissant roi, et maintenant dis-moi quel vœu tu aimerais exprimer et voir se réaliser.

Le jeune homme a réfléchi un instant puis, d'une voix timide, il a exprimé ce désir sans doute étrange :

– J'aimerais comprendre le langage des bêtes. Oui, j'aimerais comprendre ce que se racontent, les oiseaux, les vaches, et toutes les bêtes de la nature.

– Ce n'est pas un mauvais vœu, jeune homme, lui dit le roi en souriant. Alors, il arrache une page de son livre de magie, et la plonge dans une coupe contenant de l'eau miraculeuse.

– Voici, mon jeune ami, bois cela d'un trait, et ton souhait s'accomplira. Mais tu ne peux en souffler mot à qui que ce soit, tu ne confieras à personne que désormais tu comprends le langage des oiseaux et de tous les animaux. Si par malheur tu trahissais notre secret, je serais obligé de te faire périr!

Dès qu'il eut bu, notre jeune homme se sentit la tête lourde, il fut pris de vertiges, il se sentit tout faible et tomba dans un profond sommeil. Quand il se réveilla, il se retrouva au pied de l'arbre à l'ombre duquel il s'était assis, au bord du fleuve. Et voilà qu'il entend les oiseaux, dans les branches, qui babillent, et il comprend ce qu'ils se disent : – Si quelqu'un égorgeait un mouton ici, juste en cet endroit, la terre s'ouvrirait sous ses pieds, et il découvrirait un trésor immense.

« Ainsi, ce n'était pas un rêve! Voilà que je comprends ce que se disent les oiseaux! Mais je n'aurais pas cru que les oiseaux fussent aussi bavards que les gens. Mais s'ils avaient raison, si vraiment un trésor était caché ici? Je vais demander à mon ami le berger de me prêter un agneau, ou un gros mouton à égorger. »

Le lendemain, aux premier rayons du soleil levant, il amena le mouton au pied de l'arbre. Il l'avait à peine égorgé que la terre s'ouvrit sous ses pieds dans un grand bruit ; dans le trou qui s'était fait, brillait un tas de pièces d'or et de pierres précieuses.

Sans perdre de temps, il prit quelques pièces d'or et se hâta de retourner en ville, pour aller directement au marché. Il y a acheté deux ânes, un noir et un blanc. Puis il est retourné vers son trésor.

Deux jours entiers, il a fait, avec ses ânes chargés, le trajet aller et retour depuis le trésor jusque chez lui. Il en était au dernier chargement transporté quand il a entendu l'âne noir dire au blanc :

– Moi, j'en ai assez de porter ces chargements de pierres précieuses. Quand nous passerons à proximité du poste de garde, je ferai exprès de trébucher, et toutes les pièces d'or et les pierres précieuses se renverseront et s'éparpilleront. On mettra notre maître en prison, et nous, nous nous reposerons.

– Moi, répondit l'âne blanc, je vais transporter mon chargement jusqu'à la maison de notre maître. Il est bon envers nous et il ne mérite pas que nous soyons mauvais envers lui.

Notre jeune homme était malin. Sur le dos de l'âne noir, dont il venait de comprendre les mauvaises intentions, il a placé un faix de lourdes pierres ordinaires, en guise de pièces d'or ou de pierres fines. Lorsque l'âne noir rejeta son chargement, il lui frotta les côtes à coups de bâton et le rechargea aussitôt de son faix très lourd. Et il y ajouta le faix de l'âne blanc. Le soir venu, à l'écurie, il n'apporta du bon foin odorant qu'à l'âne blanc, et n'en donna pas un seul brin à l'âne noir.

En sortant de l'écurie, il entendit l'âne blanc commenter ainsi l'affaire à son compagnon noir : – C'est sans doute pour avoir voulu porter tort à notre bon maître, que maintenant il te traite ainsi.

Sans daigner répondre à l'âne blanc, l'âne noir dit à un taureau, qui partageait l'étable avec eux : – Sois prudent, l'ami, et ne mange pas ce foin qu'on t'a apporté aujourd'hui. Si tu le manges, demain on t'attachera à la noria, et tu tourneras toute la journée. Le mieux, c'est de faire semblant d'être malade, et de ne pas avoir envie de manger. Alors, on te laissera te reposer tranquillement.

Le taureau a fait ce que lui conseillait l'âne noir. Il n'a pas touché au foin. Mais l'âne noir, lui, a mangé toute sa ration.

Au matin, en arrivant à l'écurie, le jeune homme constate que le taureau est couché, sans bouger. Il le laisse donc tranquille et il attache à la noria l'âne noir, à la place habituelle du taureau.

Le soir, le jeune homme entend l'âne blanc demander à l'âne noir :

— Comment notre jeune maître t'a-t-il récompensé de cette ruse perfide que tu as soufflée à notre ami le taureau?

— Toute la journée, et même au grand soleil de midi, il m'a fallu faire tourner la noria. Mais toi, pour ta bonté, comment t'a-t-il récompensé?

Baissant tristement la tête, l'âne blanc répond : — Notre maître ne pratique pas la justice. Moi aussi, il m'a fallu faire tourner cette satanée roue.

— Alors, pourquoi es-tu toujours si bon et docile? Tu le vois bien, la bonté ne paie pas, dit l'âne noir, en se moquant du blanc.

Lorsque les animaux reçurent leur fourrage et que le taureau affamé se jeta sur sa ration de foin, l'âne noir lui dit : — Ne touche pas à ce foin, compère! J'ai entendu notre maître dire : « Quand le taureau sera remis de son indisposition, je le vendrai au boucher. » Donc, il vaudrait mieux pour toi continuer à faire semblant d'être malade. Ce n'est que de cette façon-là que tu sauveras ta vie.

Le taureau n'était pas content d'ouïr le conseil de l'âne noir et de le voir manger sa propre ration de foin!

Le lendemain matin, le jeune homme fit sortir le taureau de l'écurie, et pour le guérir de son manque d'appétit, il l'attela à la noria. Il vendit l'âne noir aux gens les plus avares du village, des gens qui faisaient travailler leurs bêtes du matin au soir et qui lésinaient sur leur nourriture. Tandis que le taureau engraissait et prenait des forces d'un jour à l'autre, l'âne noir maigrissait et dépérissait à vue d'œil.

C'était la juste rétribution de sa trahison et de sa mauvaise conduite.

Avec son or et ses pierres précieuses, le jeune homme a acheté un grand terrain, avec beaucoup de bêtes courageuses et fortes et il s'est construit une jolie maison. Puis, tout au long de sa vie, il a tiré parti de ce don extraordinaire qu'il avait reçu du roi des djinns, de comprendre le langage des animaux. Il estimait fort les bêtes, et s'est toujours conduit correctement envers elles. En retour tous les animaux l'aimaient et lui rendaient volontiers service.

Jamais il n'a trahi son secret et il l'a emporté avec lui au royaume d'Allah.

Le jour suivant, alors que nos compères reprenaient leur place habituelle, tout près de la petite auberge, pour attendre ensemble l'heure de dîner, en fin de journée de jeûne, le portefaix travaillant au port dit, dans un soupir d'envie :

— Moi, quand je pourrai déjeuner, je me préparerai des brochettes d'agneau épicées, grillées sur la braise rouge.

— N'oublie surtout pas de saler tes brochettes avant la cuisson ; quand on les sale après, c'est trop tard, dit le soldat, qui avait tant voyagé.

— Raconte-nous donc encore une histoire, dit le porteur au conteur, qui, à penser à ces brochettes, ne pouvait plus tenir. Il lui fallait penser à autre chose. Alors le conteur se mit à leur exposer son vingtième récit.

L'ORFÈVRE

L'ORFÈVRE

Un riche avait deux fils.

– Un bon métier conforte richesse, leur dit-il un jour. Dites-moi, mes fils, quel métier voulez-vous apprendre? Vous ferez, à ma mort, un gros héritage. Mais il peut toujours, dans la vie, arriver l'une ou l'autre catastrophe qui vous rendrait les plus pauvres du village. Aussi, je désire vous pourvoir d'un gagne-pain, pour le cas où vous en auriez besoin.

Le fils aîné répondit :

– Je veux être potier. Donner une forme à la glaise, voilà qui me plairait.

– Et moi, je voudrais être orfèvre. Personne encore ne sait insuffler la vie à l'or, et je crois que j'y parviendrais, assura le cadet.

– Vous me faites plaisir, mes enfants. Dès demain vous entrerez en apprentissage, décida le père.

Les deux fils étaient adroits, appliqués dans leur travail, et ils apprenaient avec amour. Il ne leur a donc pas fallu longtemps pour connaître leur métier ; l'aîné était devenu un artisan potier, l'autre un orfèvre.

Allah rappela leur père à lui peu de temps après. Les fils ont évidemment hérité à part égale de tous ses biens. Mais ils n'ont pas joui longtemps de leur fortune. La foudre incendia leur maison, des inondations anéantirent leurs champs, et on aurait dit que le désert avait englouti leur argent.

Malheureux, les deux frères sont allés se plaindre amèrement auprès de leur mère, qui leur a demandé :

– Mes enfants, de quoi vous plaignez-vous donc? Votre défunt père ne vous a-t-il pas fait apprendre un métier? Mettez-vous à l'ouvrage, et qu'Allah bénisse votre travail!

Le fils aîné alla s'engager chez un potier de grand savoir, de grand renom et très riche. Il ne lui fallut pas longtemps pour se faire tant apprécier de son patron que celui-ci lui donna sa fille en mariage. Le cadet se bâtit une cabane, et là il commença à exercer son métier d'orfèvre. Sa vieille mère veillait à ce que de mauvaises gens ne lui portent tort ou ne le volent.

Un jour, le jeune orfèvre reçoit la visite d'un bédouin inconnu. L'étranger sort d'un sac un bout de bois rouge, en disant :

– Verse du plomb fondu sur ce morceau de bois, et tu vas voir ce qui va se passer.

En voyant ce qui se passait, le jeune orfèvre a poussé un grand cri d'admiration. Le plomb avait à peine touché cet étrange bois rouge, qu'il s'était changé en or fin. Un bel or rouge, très rare.

— Dis-moi, étranger, où croissent ces arbres qui donnent ce bois miraculeux? s'enquit fiévreusement le jeune orfèvre.

— Je vais t'en confier le secret, jeune homme. En plein cœur du désert il y a une montagne si haute qu'elle se perd dans les nuages. A son sommet poussent des taillis d'arbrisseaux rouges, dont le bois change le plomb en or. Tout seul, tu ne trouverais pas la route de cette montagne. Si tu veux, je t'y conduirai. La moitié des branches que tu jetteras en bas sera pour moi, l'autre moitié pour toi, répondit le bédouin.

— J'irai avec toi, étranger, décida aussitôt le jeune homme. Pourtant sa mère n'avait pas confiance en ce bédouin ; il ne lui disait rien qui vaille. Elle pressentait quelque fourberie, mais c'est en vain qu'elle a essayé de dissuader son fils d'aller avec cet inconnu. La fièvre de l'or était plus forte que tous les avertissements maternels.

Au petit matin, le jeune orfèvre et le bédouin se sont mis en route. Ils ont trotté bien des jours sur leurs ânes, traversant le désert torride, avant d'arriver au pied de la haute montagne.

— Hâte-toi, jeune homme, de grimper au sommet de la montagne. Là-haut, il y a de nombreux arbustes miraculeux. Il suffit que tu casses des branches, et que tu les lances vers le bas. Alors, nous serons riches, le monde nous appartiendra, dit le bédouin d'un air engageant.

— Comment pourrais-je grimper là-haut? demande le jeune homme. Je ne vois que falaises à pic, lisses, sur lesquelles il n'y a pas moyen de s'accrocher.

— Oui, c'est vrai, mais j'y ai pensé. J'ai apporté une peau de chameau. Je vais t'envelopper avec et les aigles t'emporteront jusqu'au sommet.

Sans réfléchir davantage, le jeune orfèvre s'est introduit dans la peau de chameau. Soudain il se sentit enlever, porter dans les airs. Dès qu'il sentit la terre ferme, il coupa la peau avec son couteau, et sortit de son sac. En le voyant apparaître, les aigles, effrayés, se sont envolés en poussant des cris.

L'orfèvre n'a pas attendu. Muni de son couteau, il s'est mis à couper des branches de buissons rouges avec ardeur. Puis il jetait les pleines brassées par-dessus le bord de la falaise et elles retombaient en bas. Le bédouin les ramassait et en chargeait son âne, ainsi que celui qui avait amené l'orfèvre.

Quand le soleil commença à baisser à l'horizon, le jeune orfèvre pensa au retour. Mais c'est en vain qu'il rechercha une faille, une fissure, un rebord qui lui eût permis de descendre. Déjà, il le voyait, l'étranger se préparait au départ. Comme s'il était venu seul.

Inquiet, le jeune homme lui cria :

— Holà, comment puis-je descendre de cette montagne?

— Il n'est point de retour, de là où tu es. De nombreux jeunes t'y ont précédé, et aucun d'eux n'en est revenu. Regarde bien autour de toi, et tu les verras, répondit en criant pour se faire entendre le bédouin, qui s'en alla tranquillement.

Alors seulement le malheureux jeune homme remarqua que le sol, là-haut, était jonché d'ossements et de crânes humains.

Tremblant d'horreur, comme un fou, il courait au milieu de ces buissons ensorcelés, ces buissons rouges qui signifiaient maintenant la mort, et non plus la richesse.

Combien de temps il courut ainsi, il ne l'a jamais su. Quand il allait tomber d'épuisement, il aperçut au loin quelque chose d'illuminé, qui semblait un palais. Puis il perdit connaissance.

Quand il s'éveilla, il était allongé sur une couche moelleuse, dans une chambre immense et somptueuse. L'air embaumait, plein d'effluves odorants, et devant ses yeux se dressaient sept jeunes filles, plus belles que la lune ; elles lui présentaient des bols et des plats d'or, avec des mets et des boissons succulents.

— Où suis-je? Et vous, qui êtes-vous? demanda-t-il après avoir surmonté sa timidité.

— Tu es au palais des filles du roi des djinns, lui répondirent-elles.

Alors le jeune homme leur a raconté sa venue avec le méchant bédouin.

— Nous connaissons ce menteur, ce traître qui enjôle les jeunes pour se procurer les branches philosophales, lui assurèrent les sept beautés. Il en a trompé beaucoup avant toi. Mais aucun de ceux-là n'est arrivé jusqu'à notre palais. Tu es le premier qui ait réussi. Mais maintenant, tu dois rester ici une année entière, jusqu'à ce que le bédouin réapparaisse au pied de la falaise, avec un autre jeune homme. Quand tu le verras, nos aigles te porteront jusqu'en bas. Alors tu tueras ce criminel et ainsi tu en débarrasseras le monde.

— J'aimerais bien passer ici un an en votre compagnie, soupira le jeune homme, mais ma mère vit loin d'ici. Je crains qu'elle ne meure de chagrin en ne me voyant pas revenir.

Il n'y avait cependant rien d'autre à faire. Il lui fallait rester au palais et vivre une année entière avec les filles du roi des djinns. Il faut dire que c'était une cage dorée! Les belles s'occupaient de lui, le distrayaient, lui offraient sans cesse les boissons et les mets les plus délicats.

L'année passa vite, comme l'eau d'un torrent de montagne. L'une des belles vint lui annoncer que le jour de la vengeance était arrivé.

Les filles du roi des djinns vinrent toutes lui faire leurs adieux. Elles lui remirent une grande épée bien affilée, puis ordonnèrent aux aigles de descendre le jeune orfèvre au bas de la falaise.

Non loin de là où fut déposé le jeune orfèvre, le bédouin expliquait à un adolescent comment il allait parvenir au sommet de la montagne magique.

Sans perdre une seconde, notre jeune orfèvre brandit son épée et tua le traître avant qu'il ait pu souffler un mot de plus. L'adolescent commença à se plaindre :

– Pourquoi as-tu tué un homme si bon, si honnête?

– Sois content d'en être délivré et que je t'aie sauvé la vie! lui répondit notre orfèvre ; et il lui expliqua tout.

Pendant qu'il racontait, les aigles apportaient des branches de bois rouges tout près d'eux. Les deux jeunes nouveaux amis les ont rangées sur les ânes et sont repartis au trot vers leurs demeures respectives.

La vieille mère pleura de joie en voyant revenir son cadet sain et sauf, après une longue année! Elle avait pleuré sa mort, mais il lui revenait en excellente santé et chargé d'une immense richesse!

Le jeune orfèvre s'acheta une grande et belle maison et il y installa un magnifique atelier d'orfèvrerie.

Quand s'épuisait sa provision de branches philosophales, il n'avait qu'à gagner les champs, sur son âne, et appeler :

– Filles du roi des djinns! Veuillez ordonner à vos aigles de m'apporter une brassée de branches rouges! Et il rentrait chez lui avec un nouvel approvisionnement de bois rouge magique.

Un jour qu'il appelait ainsi, la plus belle des filles du roi des djinns decendit, sur le dos d'un aigle. Et elle ne remonta pas au palais magique de son père, le roi. Elle ne regagna pas la montagne enchantée. Elle resta parmi les hommes, auprès du jeune orfèvre et elle se montra une femme aimante, dévouée et fidèle.

Ils mirent au monde les plus beaux enfants qui soient, pleins de vie et de santé ; leurs parents vécurent ensemble de longues années de bonheur, jusqu'à la fin de leur temps alloué sur cette terre.

— Moi, je connais une bonne recette, dit le berger, au vingt-cinquième jour du ramadan ; des morceaux d'agneau, une fois bien rôtis à la broche, mélangés dans une cocotte à du riz ; on les fait revenir légèrement, sans brûler, on mouille d'eau chaude, et on laisse mijoter.

— Et cela ne fait aucun mal d'y ajouter carotte, oignon et tomate, dit le soldat. On obtient alors un vrai pilaf. C'est un plat turc.

— Turc ou non, soupire le berger, je préfère ne pas y penser. Raconte-nous plutôt une histoire, frère comédien, pour nous changer les idées.

Et le saltimbanque a entrepris de leur raconter une nouvelle histoire.

COMMENT FURENT ÉCONDUITS TROIS SOUPIRANTS

COMMENT FURENT ÉCONDUITS TROIS SOUPIRANTS

Une femme d'une très grande beauté vivait au Caire. Elle s'entendait très bien avec son époux et rien ne manquait à leur bonheur.

Seulement, chaque fois que cette femme allait en ville, ses ennuis commençaient. Elle avait à subir l'assaut de prétendants, jeunes et vieux, qui se retournaient sur son passage, et l'abordaient pour obtenir d'elle un rendez-vous. Elle les repoussait régulièrement, mais à la fin n'y tint plus. Elle imagina un plan pour être quitte une fois pour toutes de ces importuns. Elle en parla à son mari et il approuva son idée.

Ainsi donc, un jour que cette femme allait par les rues du Caire, un vieux juge s'approcha d'elle. C'était un homme d'une toute petite taille, un être ridicule, qui avait une grande calvitie. Il lui chuchota :

— Belle dame, je meurs d'amour pour toi. Invite-moi donc chez toi, un jour que ton mari sera en voyage.

— Pourquoi ne t'inviterais-je pas? dit la belle. A moi aussi, tu me plais. Et mon mari est justement absent. Viens donc chez moi à la tombée du jour, dit-elle sans rire, au chauve.

Frémissant de joie, le petit vieux lui jeta un tendre regard et se hâta d'aller se préparer comme il convient à une telle rencontre ; il alla acheter un cadeau pour la belle.

Celle-ci, poursuivant son chemin, rencontra, un peu plus loin, un riche marchand. Un véritable échalas, dont on aurait pu compter les os ; il était pourvu d'un nez long comme un jour sans pain.

Il l'aborda :

— La belle, je t'en prie, arrête-toi et écoute-moi. Je languis d'amour pour toi, j'en perds le sommeil et l'appétit. Je t'en supplie, invite-moi chez toi, un jour que ton mari sera en voyage.

— Je t'inviterai volontiers à venir boire une tasse de thé. Toi aussi, tu me plais, dit-elle à l'escogriffe, tout en se mordant les lèvres pour ne pas éclater de rire. Mon mari est justement en voyage, aujourd'hui. Je t'attendrai à la tombée du jour.

Bondissant de joie, le marchand s'est hâté d'aller se préparer comme il convient à un tel rendez-vous.

Un peu plus loin, la belle est abordée par un boucher au ventre rebondi.

— Belle entre toutes les belles, lui lance-t-il avec un regard plein de flamme, oserai-je te confier mon tourment? Mon cœur éclatera, si tu ne m'écoutes pas. Je te conjure de m'inviter chez toi, ne fût-ce qu'un instant, quand ton mari sera en voyage.

— Moi aussi, mon cœur se serre à chaque fois que je te regarde, dit la femme, d'un air de grande sincérité. Aujourd'hui, précisément, mon mari est parti en voyage. A la tombée du jour, n'hésite pas, et viens me voir chez moi.

Après lui avoir lancé un clin d'œil, tout heureux, le boucher s'en est allé, presque en courant, en dépit de son embonpoint, pour aller se préparer comme il convient à l'entrevue.

La jeune femme est alors rentrée chez elle, en se réjouissant d'avance de la surprise qu'elle préparait, avec son mari, à ces prétendants sots et fats, à la tombée du jour.

Le soleil se couchait, le crépuscule enveloppait le Caire. Trottant dans la rue, le petit juge, parfumé, savonné, portait avec précautions un précieux coffret de divers produits de beauté, fards, parfums, crèmes et onguents. Plein d'espoir, il se dirigeait vers la demeure de sa bien-aimée. Le coffret était évidemment le cadeau qu'il lui apportait.

Par une autre rue, le marchand avançait vers la même maison, baigné et peigné, portant comme cadeau pour sa belle une robe de soie pure, toute tissée de fils d'or et d'argent.

Dans une troisième rue, le boucher rasait les murs, tirant au bout d'une corde un agneau gras qu'il voulait offrir à l'élue de son cœur.

La belle, assise tranquillement chez elle, attendait. Le premier à frapper à la porte fut le petit juge tout chauve. Elle lui ouvrit ; il lui offrit le coffret et elle l'invita à entrer et à prendre place à côté d'elle sur le canapé. Lui la regardait avec des yeux ronds poussant des soupirs amoureux ; déjà il tentait de saisir sa blanche main, lorsque l'on frappa encore à la porte.

— Qui est-ce? demande le petit juge, tout effaré.

— Je ne sais pas, dit-elle, en prenant un air effrayé.

— J'ai peur, gémit le juge. Si quelqu'un me voyait ici, cela ferait des complications!

— Tranquillise-toi, lui dit-elle. Passe dans cette chambre, tu y trouveras un manteau d'arlequin et un bonnet pointu de polichinelle, tu n'auras qu'à t'en revêtir. Si quelqu'un te voit, de toute façon tu ne seras pas reconnaissable. On te prendra pour un clown, et non pour un juge.

— Tu es gentille, lui dit le juge, et il s'engouffra dans la petite chambre indiquée.

Alors la femme est allée ouvrir la porte. Le marchand au long nez se dressait sur le seuil. Il lui offrit la magnifique robe de soie, elle le remercia, l'invita à entrer et à s'asseoir auprès d'elle. Le marchand la regardait avec des yeux amoureux, poussait des soupirs à fendre l'âme, et déjà tentait de lui prendre la main lorsque quelqu'un frappa à la porte.

– Qui cela peut-il être? s'effare le marchand.

– Je n'en ai pas la moindre idée, dit la femme, qui prend un air effrayé.

– J'ai peur! se plaignit le marchand. Si quelqu'un me trouve ici et me reconnaît, il ne me restera qu'à me pendre, de honte!

– Calme-toi, lui dit la femme. Va dans cette chambre et habille-toi avec le manteau d'arlequin et le bonnet pointu de polichinelle qui y sont préparés. Ainsi habillé, personne ne te reconnaîtrait!

– Qu'Allah te bénisse! la remercia-t-il, tout en se hâtant d'aller se cacher dans la chambre indiquée.

Il y avait trois petites chambres. Et dans chacune d'elles, la belle avait installé à l'avance un manteau d'arlequin et un bonnet pointu de polichinelle, comme en portent les bouffons qui s'en vont par les rues et les marchés pour amuser les populations.

Ayant repoussé son deuxième soupirant, elle alla ouvrir la porte. Sur le seuil se tenait le gros boucher ; il tenait un mouton en laisse. La femme confia le mouton à ses domestiques, invita le boucher à entrer et à prendre place à ses côtés sur le divan. Le boucher la regardait avec des yeux amoureux et déjà il tenait sa bien-aimée par la main lorsque l'on frappa à la porte.

– Qui frappe? demanda le boucher, en retirant vivement sa main.

– Ciel! C'est mon mari! s'exclama la femme en prenant l'air effrayé de quelqu'un qui sent sa dernière heure venue. Seul mon mari frappe de cette façon! Il revient de voyage! Et s'il te trouve ici près de moi, il te tuera! Hier encore, il a tué six de mes soupirants! Avant-hier, il en a tué neuf!

– Quelle horreur! se lamenta le boucher. Que faire?

– Cache-toi vite dans cette petite chambre, et enfile le manteau d'arlequin, coiffe-toi du bonnet de polichinelle, lui conseilla la femme en le poussant dans la troisième petite pièce. Vite, le boucher se déguisa et attendit, en tremblant pour sa vie.

Les deux autres aussi tremblaient, chacun dans une petite chambre. Si le mari avait tué hier six prétendants, et neuf avant-hier, pour lui, en tuer trois ce soir, ne serait qu'une bagatelle!

Les coups se précipitaient, à la porte, et la femme alla enfin ouvrir. Sur le seuil se tenait son mari. Elle lui fit un large sourire qu'il lui rendit, l'air entendu. Ils avaient élaboré ensemble cette petite comédie. Il entra, tous deux prirent place sur le divan et se sont mis à converser aimablement, à voix haute, pour que les trois hommes, dans les petites chambres, puissent les entendre.

— Qu'as-tu fait, toute la journée? demande le mari.

— Je me suis promenée en ville, répond la femme.

— Et avoue-le, as-tu parlé à quelqu'un dans la rue? s'informe le mari, dont la voix monte d'un ton.

— J'ai parlé avec trois messieurs, avoue-t-elle.

— Quels hommes? Où sont-ils? Je te tuerai! clame le mari.

— Ils sont ici, à la maison, chacun dans une chambre, répond la femme d'un air détaché.

— Ah! Ce sont des prétendants! hurle le mari. Qu'ils se montrent, et je les tue l'un après l'autre!

Dans leur chambrette, chaque prétendant tremble de peur et fait déjà ses adieux à la vie.

— Ce ne sont pas des prétendants, dit la femme, comme pour l'apaiser, ce sont de simples histrions qui chantent, dansent et font des cabrioles, sur les marchés. Ils portent un manteau d'arlequin et un bonnet pointu de polichinelle. Je les ai fait venir pour qu'ils te distraient quelque peu.

— Si c'est ainsi, c'est autre chose, dit le mari d'un ton apaisé. Amène-les moi, que nous nous amusions.

La femme est allée ouvrir la porte de la première petite chambre et a introduit le juge chauve au salon. Le juge tremblait à en faire sauter son bonnet de polichinelle, au sommet de son crâne pelé. Il faisait peine à voir.

— Voilà un joli clown, dit le mari, qui évidemment avait reconnu le juge. Tu sais danser?

— Oui, je sais danser, bégaya le juge.

— Alors, montre ce que tu sais faire, commanda le mari.

Il ne restait au petit juge qu'à s'exécuter. Il leva la jambe droite, souleva le pied gauche, tourna en rond, sauta, sautilla, maladroit et ridicule comme un singe. Le mari et la femme riaient, riaient au point que les larmes leur coulaient sur les joues.

— Assez! ordonna enfin le mari, et la femme reconduisit alors le juge dans sa chambrette ; puis elle fit venir le marchand au long nez. Le marchand aussi tremblait d'effroi, à en faire grincer les os de son corps.

— Toi aussi, tu es un joli clown, dit le mari au marchand, qu'il avait évidemment reconnu aussi bien que l'autre. Tu sais chanter?

— Oui, dit le marchand dans un murmure à peine audible.

— Alors, j'écoute! commanda le mari. Et tâche de chanter aussi bien que le rossignol!

Que restait-il à faire au marchand? Il respira et se mit à chanter. Mais quel chant! Ce n'étaient pas là des chants dignes du rossignol, mais bien plutôt des bêlements de chèvre. Le mari et la femme riaient à en étouffer.

— Assez! ordonna enfin le mari. La femme repoussa alors le marchand dans sa chambrette et introduisit le boucher bedonnant. Lui aussi tremblait tant qu'on entendait claquer ses dents.

— C'est toi le plus joli de tous les clowns! lui dit le mari, d'un ton d'admiration. Évidemment, il avait reconnu le boucher. Fixant son regard sur la corpulente personne, il ajouta, l'air connaisseur : — Et tu dois être le plus souple, aussi. Exécute quelques cabrioles, pour nous divertir.

Que pouvait faire d'autre le malheureux boucher que de s'exécuter? S'agenouillant, se tordant, baissant la tête, il essaya de faire quelque cabriole, mais il n'y parvint pas. Il roula sur le côté et resta là, allongé au sol, soufflant et ahanant. Le mari et la femme se sont levés, se sont approchés et se sont mis à lui lancer des coups de pied, comme dans un ballon. Ils riaient tant que rire et lancer des coups de pieds commença à les lasser.

Alors, le mari, fatigué de rire, a crié : — Assez. Et que les trois clowns viennent maintenant devant moi!

Le femme introduisit les deux autres clowns. Déguisés en arlequins, le juge chauve, le marchand maigre et le gros boucher restaient plantés là.

— Passe un licol d'âne à chacun de ces trois clowns, ordonna le mari à sa femme. Puis tu iras les mener au marché. Là, ils danseront, chanteront, feront mille tours pour amuser les badauds. Que tous les gens du Caire s'amusent comme nous l'avons fait. Quand ils auront bien amusé la galerie, que chacun d'eux s'en retourne chez soi, et se souvienne de cette journée!

Consternés, effarés, apeurés à l'idée du scandale, les trois soupirants se mirent à pousser des lamentations déchirantes.

— Je ne suis pas un clown, et je ne suis pas venu ici pour vous distraire, avoua alors le juge chauve. Je suis le juge, et je reconnais que j'étais venu rendre visite à ta femme. Je jure bien de ne jamais recommencer, mais je vous supplie tous les deux de ne pas me contraindre à aller danser sur la place du marché. Cela ne convient pas à ma dignité!

— Moi non plus, je ne suis pas un clown, pleurnicha à son tour l'escogriffe au long nez. Je suis un honnête marchand, et si j'ai cherché à séduire ta femme, je te jure que jamais de la vie je ne recommencerai. Mais je t'en conjure, ne me fais pas aller sous ce ridicule costume sur le marché. Je ne pourrais supporter une telle honte!

— Et moi, je suis le boucher, gémit à son tour le troisième. Que diront les gens, sur le marché, en me voyant faire des cabrioles que je ne sais même pas faire?

— Trop tard, mes agneaux! s'exclama le mari. Il fallait penser à tout cela avant!

Et la femme leur a passé le licol, comme à des ânes, et elle les a menés ainsi jusqu'au marché. Le mari suivait et criait à qui voulait l'entendre : — Nous menons des histrions pour amuser les badauds sur la place publique! Qui que vous soyez, venez avec nous! Le juge, le marchand et le boucher, tous trois se sont déguisés en clowns, en arlequins, en polichinelles ; pour vous amuser ils vont danser, chanter, faire mille tours! Que toute la ville du Caire vienne se divertir!

Et c'est ce qui s'est passé. Tout le Caire accourut et tout le monde assista à la honte du juge, du marchand et du boucher dans leurs accoutrements. On en a parlé longtemps, dans toute la ville. Longtemps encore, de honte, les trois soupirants n'osaient plus se montrer dans les rues de la ville.

Le mari a félicité son épouse fidèle d'être venue à bout de ses nigauds de soupirants, de façon à ce qu'ils la laissent en paix définitivement. Les deux époux vécurent alors paisiblement dans le bonheur jusqu'à la fin de leurs jours.

— Et qu'ont-ils fait du mouton? demanda le paysan.

— Ma foi, ils l'ont mangé, répondit le conteur.

Ils enviaient tous ce mari et sa femme, mais surtout le savoureux méchoui qu'elle avait dû lui préparer avec ce mouton gras.

— Il vaut mieux ne pas penser à cela, soupira le scribe. Se tournant vers le conteur, il lui a proposé :

— Raconte-nous encore une histoire!

Le conteur entreprit de leur narrer l'étrange vie d'un jeune prince, et les non moins étranges aventures qui lui permirent d'accéder au trône paternel.

L'OURS DE LA CUISINE

L'OURS DE LA CUISINE

Il était une fois un roi qui vivait dans un palais entouré d'un grand jardin, au centre duquel s'élevait une magnifique fontaine. Un jour que le roi était à sa fenêtre, il vit, auprès de la fontaine, une très belle jeune fille inconnue, vêtue d'une étrange robe faite de plumes d'oiseaux. La jeune fille se déshabilla et plongea dans la fontaine. Elle s'y baigna un moment, puis en sortit ; elle se rhabilla de plumes et s'envola.

La jeune fille occupa aussitôt le cœur du roi ; il en était vraiment tombé amoureux. Il ne put dormir de la nuit, à cause de cette belle inconnue.

Pauvre roi! Il ignorait qu'elle était la fille du roi et de la reine des mauvais djinns, que ses frères étaient deux terribles taureaux, le taureau de la vallée noire et celui de la vallée rouge. Sa sœur était une grenade monstrueuse qui engloutissait quiconque voulait la cueillir sur le grenadier de la vallée blanche.

Le lendemain, au petit matin, le roi se dissimula dans les branches d'un arbre qui poussait tout près de la fontaine. Quand la jeune fille se fut dépouillée de sa robe de plumes pour plonger dans la fontaine, le roi descendit de l'arbre et prit la robe de plumes pour la cacher.

Il lui dit alors :

— Mes yeux sont éblouis par ta beauté. Viens avec moi au palais, et deviens ma femme.

— Mais tu as déjà une femme! Et si tu la supprimais? Enferme-la dans une sombre prison avec toutes ses esclaves. Si tu fais cela, je te suivrai et je deviendrai ta femme. Et rends-moi maintenant ma robe de plumes, sans laquelle je ne pourrais t'accompagner, répondit la belle inconnue.

Le roi ordonna aussitôt à ses gardes d'emprisonner la reine et toutes ses esclaves dans une grande prison qui se trouvait juste sous les cuisines royales. Puis il emmena la jeune inconnue, revêtue de ses plumes, dans son palais où il l'épousa sans attendre. Et rapidement il oublia même l'existence de sa première épouse.

C'est en prison que la reine mit au monde son fils ; elle le nomma Mohammed l'Avisé. L'enfant grandit, et elle lui apprit à lire, à écrire, et à raisonner de façon juste.

Un jour, Mohammed l'Avisé entendit des voix au-dessus de sa tête. Il demanda à sa mère :

— Il existe d'autres gens que nous, au-dessus de nous?

— Oui, mon fils, répondit la reine.

— Alors, pourquoi sommes-nous ici? Pourquoi ne sortons-nous pas?

La mère, pour répondre à la question de son fils, raconta toute son histoire.

Alors Mohammed l'Avisé poussa de toutes ses forces la porte et brisa les battants.

Il voulait aller voir qui étaient ces autres gens du dehors, comment était ce monde extérieur inconnu. Il pénétra dans les cuisines royales, au moment où le chef dressait les plats pour la table royale.

En voyant tous ces mets appétissants, le jeune homme se précipita vers eux et les saisit à deux mains pour les manger. Mais les gens se jetèrent sur lui et l'emmenèrent de force dans un lieu inconnu ; il ne comprenait pas pourquoi on l'avait empêché de manger, alors qu'il avait faim.

— Pourquoi voulais-tu manger mon déjeuner? lui demanda le roi, quand le cuisinier, aidé des marmitons, l'eut amené devant sa Majesté.

— J'ai faim, répondit le jeune homme, comprenant que cet homme important assis sur un trône était le roi, son propre père, dont sa mère venait de lui parler.

— Comment t'appelles-tu? interroge le roi.

— Je n'ai pas de nom. Je suis orphelin, et on m'appelle couramment l'Ours de la cuisine, répondit Mohammed l'Avisé.

— Eh bien, mon garçon, dit le roi, puisque il en est ainsi, va à la cuisine, où tu travailleras comme marmiton. Le cuisinier en chef t'indiquera ce que tu auras à faire.

Mais la fille du roi des méchants djinns, qui avait bien reconnu le fils de la reine légitime, savait que c'était Mohammed l'Avisé. Et elle pensa qu'il lui fallait à toute force le faire périr, si elle voulait éviter sa propre perte.

Pour commencer, elle fit semblant d'être très malade. Le roi fit venir son médecin, pour qu'il l'examinât et la soignât.

— Tu n'es pas malade, dit le médecin à la deuxième épouse du roi.

— Il n'est pas de docteur qui puisse diagnostiquer ma maladie. Moi seule, je connais le remède qui me convient, répondit-elle.

— Et quel est ce remède? Le roi va me poser des questions, il faut que je le sache, dit le médecin.

La deuxième femme du roi répondit :

— Je ne puis me guérir qu'en mangeant le cœur du taureau de la vallée noire. Et dis au roi que ce cœur doit m'être apporté par le jeune garçon que l'on appelle l'Ours de la cuisine.

Quand le roi apprit le mal dont souffrait sa deuxième femme et qu'il sut ce qu'il fallait faire pour la guérir, il fit venir Mohammed l'Avisé et lui ordonna :

— Ours de la cuisine, je veux que tu m'apportes le cœur du taureau de la vallée noire.

— Je t'obéirai, mon roi, répondit le jeune homme. Mais je te prie d'ordonner que l'on me donne, pour la route, une bonne provision de nourriture et d'argent, car j'en aurai besoin.

Après avoir reçu ce qu'il avait demandé, le jeune homme sauta en selle et galopa à travers le désert brûlant. Il chevaucha toute la journée sous le soleil, puis il arriva au pied d'une grande dune de sable sur laquelle était assise une géante aux seins énormes. Descendant de sa monture, il s'approcha d'elle, but du lait de sa généreuse poitrine et lui dit, en s'inclinant jusqu'à terre :

– La paix soit avec toi, mère des géants.

– Tu as fort bien fait de me saluer et de boire mon lait. Sinon je t'aurais mangé pour mon souper. Dis-moi, dans quelle direction vas-tu?

– Je cherche le taureau de la vallée noire. La femme du roi est malade, et le cœur de ce taureau est, dit-elle, le seul remède qui puisse la guérir, répondit le jeune homme.

– Ainsi, tu es Mohammed l'Avisé, le fils du roi. Je t'attendais. Je vais de bon cœur te porter aide, dans ton malheur. Tu as bu de mon lait, tu es donc devenu mon deuxième fils. Mon premier fils, Abdarrahim, sera heureux d'avoir un frère, dit la géante.

– Quelle aide peux-tu m'apporter? demanda Mohammed l'Avisé, déjà impatient.

La géante sourit et elle lui donna un poignard et une boule d'ivoire en disant :

– Jette la boule au sol, et suis-la. Quand elle s'arrêtera, apparaîtra le taureau que tu cherches. Frappe-le de ce poignard, et attends qu'il meurt. Mais si le taureau hurle, s'il t'ordonne de le frapper encore un coup, méfie-toi et garde-toi bien de lui obéir. Sinon, il te renversera et te piétinera à mort.

Après avoir remercié la géante, Mohammed l'Avisé jeta la boule d'ivoire devant lui, et la suivit. Toute la nuit il poussa sa monture derrière la boule qui roulait devant eux. Elle ne s'est arrêtée qu'à l'aurore et, de la vallée noire, a émergé un énorme taureau. Sans hésiter un instant, Mohammed l'Avisé planta son poignard d'ivoire en plein cœur de la terrible bête.

– Frappe-moi encore une fois, l'Avisé! beugla le taureau.

– Le coup d'essai de quelqu'un de ma force est un coup de maître et ne doit pas être répété, répondit Mohammed l'Avisé. Le taureau s'affaissa ; il était mort.

Mohammed l'Avisé lui fendit la poitrine, arracha son cœur et se hâta de retourner auprès de la géante. Dès qu'il lui eut rendu son poignard d'ivoire et la boule, il sauta en selle et galopa vers le palais royal.

– C'est bien, Ours de la cuisine. Je suis content de toi et en récompense, je te nomme cuisinier en chef, déclara le roi quand le jeune homme lui rapporta le cœur du taureau de la vallée noire.

Dès qu'elle fut en possession de ce cœur, la deuxième épouse du roi se précipita dans ses appartements ; elle rangea le précieux cœur dans un coffre de bois d'ébène, en versant des larmes amères. Son frère était mort et elle était la cause directe de cette perte cruelle. Mais elle allait le venger! Elle allait envoyer Mohammed l'Avisé à son deuxième frère, le taureau de la vallée rouge. Et cette fois-ci, Mohammed n'échappera pas!

Au bout d'un certain temps, elle fit semblant de retomber malade et elle dit au docteur : — Le seul remède à mon mal est le cœur du taureau de la vallée rouge. Il doit m'être apporté par l'Ours de la cuisine.

Le docteur en parla au roi qui, sans attendre, envoya Mohammed l'Avisé vers la vallée rouge.

Désormais, Mohammed savait ce qu'il avait à faire. Il alla directement auprès de la géante. Grâce à elle, il vint aisément à bout du taureau de la vallée rouge, et il en rapporta le cœur au roi.

La reine faillit crier de rage, lorsque le roi lui remit le cœur du taureau de la vallée rouge, son deuxième frère. Elle avait tant souhaité la mort de Mohammed l'Avisé, et c'est son frère, qui avait péri!

Elle se fit alors ce serment : « Par Allah, l'Immortel, je jure que cette fois tu ne m'échapperas plus, maudit Avisé! Je jure de me venger cruellement de toi. Je vais t'envoyer à ma sœur, la grenade géante. Elle saura, j'en suis sûre, me débarrasser de toi! »

Au bout de deux semaines d'attente, elle plaça sous son matelas des croûtes de pain sec, très dures. Quand elle remuait dans le lit, le pain craquait.

— Qu'est-ce qui craque ainsi sous toi? lui demanda le roi.

— Je crois que ce sont mes côtes qui sont malades. Je crains bien, mon roi, qu'une nouvelle maladie m'envahisse le corps, lui répondit la menteuse.

Le docteur, une fois encore convoqué, l'ausculta et déclara :

— Tu n'est point malade, ma mie. Tes côtes sont saines et fermes comme de jeunes cèdres.

— Vous autres, les docteurs, vous êtes des ignorants, rétorqua la reine en colère. Tu ne sais donc pas, docteur, que seule peut me guérir la grenade de la vallée blanche. Il faut que l'Ours de la cuisine aille me la chercher. C'est un messager fidèle et sûr.

Quand le roi connut le remède qui pouvait soigner sa deuxième épouse, il manda aussitôt l'Ours de la cuisine :

— Va à la vallée blanche, et rapportes-en la grenade gigantesque. Et hâte-toi. La reine est gravement malade.

— A tes ordres, Sire le roi, répond alors Mohammed l'Avisé en s'inclinant très bas. Puis il file comme le vent à travers le désert, vers sa mère nourricière, la géante assise sur la dune de sable.

— Il me faut la grenade géante de la vallée blanche! crie-t-il, avec impatience, à peine descendu de sa selle.

— Hélas, mon fils, cette fois je ne pourrai pas te venir en aide, répond la géante, d'une voix triste. Mais attends un peu. Assieds-toi un instant. Peut-être mon fils Abdarrahim pourra-t-il t'aider!

On entend alors, venant de loin, un bruit de pas très lourds, pendant qu'un nuage de sable brûlant du désert se soulève. Quand les pas, qui se sont rapprochés, cessent et que le nuage de sable est retombé, un géant, vraiment gigantesque, se tient devant eux ; sa tête va se perdre dans les hauteurs du ciel.

Je sens la chair fraîche! Maman, qui donc est venu nous rendre visite? Donne-moi ce petit homme, car j'ai grand-faim! Je vais le manger pour souper, dit le géant d'une voix terrible, à en faire voler le sable des dunes.

— Calme-toi, mon fils. Ce petit homme est ton frère, car il a bu de mon lait. Et il a besoin de ton aide, répond la géante, en montrant à son géant de fils notre ami, Mohammed l'Avisé.

— Sois le bienvenu, mon petit frère. Et dis-moi ce qui te tracasse. Je t'aiderai bien volontiers, dit le géant Abdarrahim.

— Il faut que je rapporte à la deuxième épouse du roi la grenade de la vallée blanche. La deuxième femme du roi est malade, et prétend qu'elle guérira si elle mange cette grenade, explique Mohammed l'Avisé.

Le géant Abdarrahim s'exclame :

— Mais, petit frère, cette grenade est la propre sœur de la reine! Et elle te tuera, si tu pénètres dans ses jardins!

— Il me faut pourtant rapporter cette grenade. Le roi mon père le désire. Je ne puis le décevoir. Si tu ne peux m'aider, je tirerai un plan tout seul, dit Mohammed l'Avisé, en se préparant à repartir.

— Attends donc un peu. Et écoute-moi, sinon tu ne retourneras jamais parmi les vivants, insiste le géant.

Comme l'impatient et fougueux jeune homme se montre prêt à l'écouter, le géant poursuit : — Voici un grand panier. Remplis-le de ces petits pains tout ronds que notre mère est en train de cuire. Ajoute un beau morceau de viande et ce rouleau de toile.

Et prends aussi cette bague, que je te prête. Tu la jetteras et la suivras, tant qu'elle roulera. Elle te mènera à la porte des grands jardins de la vallée blanche. Cette porte sera gardée par deux grands chiens terribles. Tu leur jetteras le pain, et avanceras jusqu'à une deuxième porte. Rappelle-toi bien, surtout, que tu ne peux te retourner, sinon c'en sera fini de toi. A la deuxième porte deux énormes géants te guetteront. Jette-leur des petits pains et ne te soucie pas davantage d'eux. L'arbre qui porte la grenade pousse au centre d'une magnifique fontaine entourée de buissons touffus de roses et de jasmin. Je ne puis t'en dire davantage, mon frère. Lorsque tu cueilleras la grenade, il faut que tu décides tout seul ce que tu dois faire. Peut-être seras-tu aidé par la viande et la toile. Tu seras victorieux si, dans la grenade, tu entends tonner et gronder comme l'orage. Si tu perds, ce fruit énorme n'émettra pas le moindre son, mais t'avalera tout entier. Bonne chance, mon frère. Il me faut aller chercher quelque chose à me mettre sous la dent. Sinon je vais mourir de faim.

Abdarrahim ne s'était pas encore perdu dans son nuage de poussière que la géante avait achevé de cuire des petits pains ronds ; elle en remplit un grand panier ; elle y ajouta une belle pièce de viande crue et un volumineux rouleau de toile. Mohammed l'Avisé la remercia et se mit en route.

Son cheval trottait derrière la bague qu'il avait jetée et qui roulait devant eux. Tout s'est passé comme l'avait annoncé le géant : la bague s'est arrêtée devant la porte du jardin de la vallée blanche ; Mohammed l'Avisé a donné à manger aux chiens et aux géants de la deuxième porte ; puis il est parvenu dans l'eau de la fontaine, au pied du grenadier et a tendu la main vers le fruit gigantesque.

Alors le fruit s'ouvrit comme une large bouche prête à engloutir le jeune homme. Mohammed l'Avisé y jeta vite toute la viande et la toile. La grenade poussa un soupir et se referma. Soudain elle se mit à trembler ; elle frémissait tant que l'arbre entier se balançait avec elle. On entendit un formidable craquement, comme si la foudre était tombée sur l'arbre, accompagné d'un roulement, d'un fracas de tonnerre. Puis le fracas cessa comme par enchantement. Tout se tut. Les géants et les chiens avaient disparu et aux pieds de Mohammed l'Avisé, gisait la grenade gigantesque.

Le jeune homme déposa la grenade dans son panier, il plaça le panier sur le cheval, et se hâta vers la mère géante et son fils Abdarrahim.

Il rendit la bague prêtée par le géant, tout en le remerciant de sa précieuse collaboration ; il exprima sa profonde reconnaissance à la mère géante, et repartit vers le palais du roi.

Le roi félicita vivement Mohammed l'Avisé du succès de sa mission et il se hâta d'aller lui-même porter la grenade géante à sa deuxième femme.

En voyant la grenade, la seconde reine ne sut si elle allait éclater de rage ou en sanglots de tristesse. Elle avait donc causé aussi la perte de sa sœur aînée! Mais cette fois, elle allait se venger ; elle viendrait à bout de ce misérable Mohammed l'Avisé! Le roi des mauvais djinns la vengerait lui-même! Elle allait envoyer Mohammed à son père, le grand roi des djinns. Il saurait bien, lui, se défaire de ce jeune fils de roi des hommes. Et s'il échouait comme ses frères et sa sœur, les amis du roi des djinns le tueraient, eux qui se sont rassemblés autour de leur roi pour le réconforter dans la perte cruelle qu'il vient d'éprouver, à cause de Mohammed l'Avisé.

Elle manda alors sur l'heure un courrier auprès de son père, avec le message suivant : « Dis à mon père, le roi des mauvais esprits, que bientôt se présentera chez lui le jeune homme qui a tué ses deux fils, le taureau de la vallée rouge et celui de la vallée noire, et sa fille aînée, la grenade gigantesque. Qu'il fasse périr cet impudent sur le bûcher ardent! Seul le feu pourra nous venger et nous débarrasser de cet ennemi perfide. Que mon père se souvienne bien que ce misérable a pour nom Mohammed l'Avisé, et que parfois on l'appelle aussi l'Ours de la cuisine. »

Quinze jours s'étaient écoulés, quand la reine tomba à nouveau malade.

— Tu n'es pas encore guérie? N'as-tu pas mangé la grenade? l'interroge le roi, en la rejoignant le soir.

D'un air triste et découragé, la reine lui répond : — Cette grenade est un merveilleux remède, à condition d'être mangée dans un palais volant.

— Dans un palais volant? Et où y aurait-il un tel palais? s'étonne le roi.

— Ce palais existe. Il se trouve tout près du mont Kaf. Ordonne à l'Ours de la cuisine, ô mon roi, d'apporter ici ce palais. S'il y parvient, je guérirai vite, et plus jamais je ne serai malade, dit la deuxième femme au roi, son époux.

Le roi n'a pas hésité à la satisfaire. Il a fait venir l'Ours de la cuisine et lui a ordonné de se rendre au mont Kaf et d'en rapporter le palais volant.

Le jeune homme s'est incliné et est parti. Mais au lieu de se diriger vers le mont Kaf, il est allé consulter sa mère géante.

— Que veux-tu encore, mon fils? lui demande la géante en le voyant arriver, tout essoufflé.

— Me voilà devant de nouvelles difficultés, petite mère! Maintenant, le roi veut que je lui rapporte le palais volant, explique Mohammed l'Avisé.

— Je vais te dire comment faire. Mais tu devras être très prudent, avisé et courageux. Voici de la peinture noire, tu t'en passeras sur tout le corps. Emporte un peu de cette résine odorante et savoureuse : elle endort. Dès que tu auras pénétré dans le palais, dissimule-toi dans la première chambre tout de suite après le portail

d'entrée. Personne ne doit te voir, sinon les djinns te mettront en pièces ou te jetteront au feu. Le soir venu, une esclave viendra dans cette chambre pour débarrasser la table des reliefs du repas de midi. Salue-la, et demande-lui : « Comment vas-tu, ma chère cousine? » Puis tu lui offriras un peu de cette résine. L'esclave la mangera, et peut-être te conduira-t-elle à sa chambre. A partir de là, tu dois seul trouver ce qu'il te faudra faire. Personne au monde ne sait ce qui t'attend là. Mais une chose est certaine, c'est qu'il s'y trouvera une clé ou bien une bague qui enlève tout le palais dans les airs. J'ignore la façon dont tu te débarrasseras du roi des mauvais djinns, de sa femme et de tous ses invités. Il te faut espérer en la protection d'Allah, lui seul te conduira au but.

Le jeune homme s'est enduit de peinture noire, il a pris la résine, a fait ses adieux à sa mère géante et s'est mis en route vers le mont Kaf. Parvenu au palais, il a pu passer la porte sans se faire remarquer, et pénétrer dans la première chambre. Le soir, l'esclave est venue dans cette pièce.

— Bonsoir, ma chère cousine, comment vas-tu? lui dit le jeune homme.

— D'où sors-tu? lui demande l'esclave, intriguée.

— Mon seigneur et ma maîtresse se trouvent dans les salons de l'étage, ils réconfortent le roi et la reine de leur douleur infinie, répond Mohammed l'Avisé, sans se démonter.

— Toi, tu n'es sûrement pas mon cousin, lui dit l'esclave. Tes yeux sont noirs comme ceux de l'Ours de la cuisine. Je vais appeler mon maître et lui dire de te jeter au feu.

Alors Mohammed l'Avisé lui présenta de la résine parfumée ; l'esclave, séduite par l'odeur, la prit en le remerciant et se mit à la mâcher avec plaisir.

Alors elle a dit : — Pour te remercier de ce délicieux bonbon, je vais te laisser vivre jusqu'à demain. Viens dans ma chambre, tu dormiras chez moi. Mais demain matin je te mènerai à mon maître et il te fera brûler sur le plus grand des bûchers.

Quand il fut allongé sur la couche, le jeune homme vit, suspendues au plafond, une petite bouteille, une épée et une bague.

— A quoi servent ces objets pendus au-dessus de ma tête? demanda-t-il à la jeune esclave.

Mais elle, sous l'empire de la gomme narcotique, s'endormait déjà. Elle était déjà perdue dans le pays des rêves, quand elle répondit :

— Le flacon recèle la vie de ma maîtresse, la plus jeune des filles du roi des djinns. C'est une épée enchantée, qui pend à côté. Si quelqu'un lui commande : « Taille autour de toi sans épargner personne, » cette épée tue tout ce qui se trouve à sa portée.

La bague aussi, est magique. Si quelqu'un, l'ayant à son doigt, en frappe un mur du palais en disant : « Vole, palais, prends ton envol dans les airs », le palais s'envole, et va se poser là où on le lui commande, au bout du monde si l'on veut!

— Et où est cachée ta vie à toi, petite cousine? demande Mohammed l'Avisé d'une voix douce.

— Ma vie est gardée par un insecte qui vit ici, dans cette chambre. Si quelqu'un tue cet insecte, il me tue du même coup, répondit-elle encore, avant de s'endormir profondément.

Le jeune homme prenait bien garde de ne pas s'endormir. Avant tout, il lui fallait tuer l'insecte. Il lui serait ensuite facile de prendre les objets qui pendent au-dessus de sa tête. Il se met à examiner attentivement chaque coin, chaque fente, dans le plancher et les murs de la chambre.

Il n'eut pas à chercher longtemps. D'une fente, près de la porte, sortit un grand scarabée, magnifique, qui se dirigea tout droit vers le lit. Sans hésiter, Mohammed l'Avisé l'écrasa sans pitié. Au même instant un gros soupir s'exhala de la couche voisine ; l'esclave était morte.

Le jeune homme grimpa au plafond ; il en détacha le flacon, l'épée et la bague, puis brandissant l'épée, il s'élança vers la chambre de l'étage où les invités réconfortaient le roi et la reine des mauvais djinns.

« Taille autour de toi sans épargner personne, » clama le jeune Mohammed l'Avisé, en faisant irruption dans la pièce. Et l'épée a taillé, frappé, tué, tant et si bien, que bientôt tous gisaient morts, le roi, la reine des mauvais djinns et tous les invités.

Ensuite le jeune homme frappa du doigt où était passée la bague, un mur du palais en disant : « Vole, palais, prends ton envol dans les airs, » et il ajouta aussitôt : « Vole vers le palais du roi mon père, emporte-moi là-bas! » Il avait à peine fini de prononcer ces paroles, que le palais se souleva, s'envola, et se posa bientôt en face du palais du père de Mohammed l'Avisé.

— Tu es courageux, Ours de la cuisine, je te félicite et je suis heureux de te voir revenir, s'écria le roi, quand Mohammed l'Avisé se trouva devant lui, dans sa chambre.

— Je ne m'appelle pas Ours de la cuisine. Mon nom est Mohammed l'Avisé et je suis ton fils, ô mon roi! répondit le jeune homme.

— Comment peux-tu être mon fils? Tu veux te moquer de moi, au moment où je me fais tant de souci pour la maladie de la reine, mon épouse?

— Je suis un enfant royal, le fils de ta première femme, celle que tu as fait enfermer dans une sombre geôle sous tes cuisines. Et pour la remplacer tu as pris pour femme une méchante sorcière, une fille du roi des mauvais djinns. Elle a si bien aveuglé par ses charmes tes yeux et ton cœur, que tu as complètement oublié ta première femme, expliqua Mohammed l'Avisé, et sans plus attendre il courut vers la chambre de la deuxième femme du roi.

Dès son entrée dans la chambre, il cria :

— Tu voulais ma mort? Regarde bien! Je suis vivant. Mais tes frères, ta sœur et tes parents sont morts. Et je tiens ta propre vie dans mes mains. Tu connais sûrement ce petit flacon. Si tu fais libérer ma mère et toutes ses esclaves, je te le rendrai. Mais après, tu t'en retourneras au mont Kaf, et plus jamais tu ne te montreras en ces lieux.

Pâle de terreur et de rage, la vilaine sorcière se précipita vers la prison où était enfermée depuis si longtemps la vraie reine, la mère de Mohammed l'Avisé, avec ses esclaves ; elle ouvrit la porte et libéra tout le monde. Mohammed l'avait suivie ; il lui tendit le flacon qui contenait sa vie, en lui disant : — Voici, prends ceci, c'est à toi.

Mais elle se saisit du flacon d'une main si tremblante qu'il lui échappa. Le flacon, en tombant sur le sol de pierre, se brisa en mille morceaux. La méchante sorcière s'affaissa. Elle était morte.

Le vieux roi, pleurant amèrement sur son erreur, plaça son fils, Mohammed l'Avisé, à sa place sur le trône, et alla implorer le pardon de sa première femme. Mohammed l'Avisé, le bien nommé, régna avec beaucoup de sagesse, dans la justice et la bonté, si bien que tout le monde l'appréciait et l'aimait beaucoup.

Déjà le vingt-septième jour de cet interminable mois de jeûne touchait à sa fin. Nos hommes ne parlaient, une fois de plus, que de nourriture.

— Je voudrais manger des épinards aux œufs! disait un balayeur de rue.

— Moi, je ne rêve que de brochettes! se plaignit le porteur.

— Un agneau de lait, tout entier, que je pourrais engloutir, bien rôti au feu de bois, pensa tout haut l'un des bergers.

Alors, pour empêcher tout le monde de ne penser qu'à sa faim, le conteur a repris la parole.

COMMENT DEUX VOLEURS S'EMPARÈRENT D'UN ÂNE

COMMENT DEUX VOLEURS S'EMPARÈRENT D'UN ÂNE
175

Il y a bien longtemps de cela, deux voleurs attendaient devant la porte d'entrée du Caire. C'étaient deux vagabonds. Un paysan sortit par la porte de la cité, tirant son âne derrière lui, au bout d'une corde. Le premier dit à l'autre : — Si nous nous emparions de l'âne?

Mais l'autre répliqua : — Nous n'avons pas d'argent.

— Pourquoi aurions-nous besoin d'argent? s'étonne le premier ; regarde! A pas de loup il s'approche de l'âne, lui retire adroitement le licol et fait signe à son camarade de disparaître rapidement avec l'âne dans les buissons ; ensuite il se passe le licol autour du cou et se laisse tirer sur le chemin par le paysan, qui ne s'est même pas retourné une seule fois.

Quand l'autre eut disparu dans les broussailles, celui qui s'était attaché derrière le paysan s'arrêta. Le paysan se retourna, alors, pour inciter son âne à avancer. Il s'aperçut soudain, fort surpris, qu'au lieu de tirer un âne, il tire un homme avec une corde !

— Qu'est-ce que tu fais là? Qui es-tu? demande le paysan.

— Qui je suis? Tu le demandes? Mais je suis ton âne, évidemment. Tu ne me crois pas?

— Non, je ne peux croire cela, dit le paysan.

— Je vais t'expliquer, dit le voleur. C'est une aventure fort surprenante.

— Quelle aventure?

— Ne m'interromps pas et écoute bien. Depuis combien de temps m'as-tu acheté au marché aux ânes, t'en souviens-tu?

— Oui, je me le rappelle bien. C'était l'année dernière, au printemps.

— Précisément. Au printemps de l'année dernière. La veille du jour où tu m'as acheté, je vivais encore tranquille, à la maison, avec ma mère. Elle était très bonne pour moi, mais moi, l'ingrat, j'étais au contraire méchant envers elle. Un soir j'ai saisi un bâton pour l'en frapper. Et elle? Que crois-tu qu'elle a fait?

— Elle t'a maudit.

— C'est cela. Elle m'a maudit. Et, tout de suite après, Allah — qui venge les innocents — m'a jeté un regard sévère et, pour châtiment, il m'a changé en âne. Alors, au petit matin, les djinns m'ont enlevé et m'ont transporté au Caire, au marché aux ânes, et c'est là que tu m'as acheté. Mais sais-tu ce que ma mère a fait?

— Elle a pleuré.

— Parfaitement. Elle a pleuré. Jour et nuit elle a versé d'abondantes larmes sur mon sort, et a imploré Allah. Longtemps Allah ne voulut pas fléchir. Enfin, aujourd'hui il a daigné entendre ses prières. Et il m'a rendu mon aspect humain. Et me voici, tu me tires au bout d'une corde. L'histoire ne te semble-t-elle pas étrange?

Un long moment le paysan resta immobile, sans pouvoir prononcer une parole, tant il était surpris. Puis, il s'exclama :

— Allah est le dieu unique, omnipotent et omniscient! Comment ton aventure ne me paraîtrait-elle pas étrange! Étrange et terrible! Et je te tirais par le licol! J'aurais pu t'étrangler! Quand je pense que tu m'as porté! Que plus d'une fois je t'ai donné des coups d'éperons dans le ventre. Par tout ce que tu as de plus cher au monde, je te le demande, pourras-tu me pardonner?

— Je te pardonne de bon cœur, osa dire le trompeur.

— Et salue bien ta mère de ma part! pria encore le paysan.

— D'accord, elle s'en réjouira.

— Elle a sûrement hâte de te revoir, la pauvre. Et sûrement à toi aussi, elle te manquait, dit avec compassion le généreux paysan.

— Comment ne nous serions-nous pas manqué l'un à l'autre, nous sommes séparés depuis le printemps dernier.

— Ainsi, hâte-toi de retourner auprès d'elle! Et que tout aille bien pour toi! cria encore le paysan au vagabond qui déjà s'éloignait à grands pas.

Rentré chez lui, sans âne, le paysan raconta à sa femme ce qui lui était arrivé. Ils eurent tous les deux honte. C'était donc un homme, qu'ils avaient à l'écurie! Et ils avaient traîné un homme par le licol, ils lui avaient fait porter les œufs et le fromage au marché, et parfois ils l'avaient éperonné au ventre! Quelle honte ces braves gens ressentaient!

Pendant ce temps-là, les deux fripons allaient vendre l'âne volé au marché du Caire ; avec l'argent reçu, ils firent un bon repas.

Un matin, la femme du paysan dit à son homme : — Nous avions fait une chose terrible, de prendre un homme comme âne. Mais nous ne pouvons pas vivre sans âne. Tu ne vas pas porter le fromage et les œufs, en ville, dans une hotte, sur ton dos? Va donc au marché aux ânes, et achètes-en un autre. Mais fais bien attention, que cette fois-ci ce ne soit pas encore un homme changé en âne!

Le paysan s'est rendu au Caire, au marché aux ânes. Il examina les bêtes à vendre, et soudain il se figea d'effroi. Il a vu son ancien âne! Il s'en approcha avec prudence, le tâta avec compassion, et lui murmura à l'oreille : — Malheureux ! Tu as encore frappé ta mère à coups de bâton? Tu vois, tu vois! Allah est et reste le vengeur des innocents!

Il regarda alors autour de lui, pour en acheter un autre. Mais les ânes se ressemblaient tous terriblement. Le paysan se mit à craindre que tous ces ânes ne soient en réalité des hommes changés en ânes ; il eut peur de ramener encore un homme chez lui au bout du licol. Il préféra s'abstenir. Et depuis ce temps-là, il porte son fromage et ses œufs, au marché, dans une hotte. Sur son dos!

— Il arrive qu'on souffre de faim et de soif, même quand ce n'est pas le ramadan, disait le lendemain le chamelier. Quand vous traversez le désert, et qu'il n'y a plus une datte, que les outres sont vides, qu'il n'y a plus une seule gorgée à boire, que vous ne rencontrez pas le moindre puits non tari et que tout autour de vous il n'y a que sable et pierre, alors oui, vous pouvez parler de faim! Vous autres connaissez-vous la faim véritable? Vous rêvez de bonne nourriture, mais ce soir, quand le soleil se couchera, vous mangerez votre soupe aux haricots, à la viande, aux pommes de terre ou aux pâtes. Vous pourrez en manger autant que vous voudrez. Que savez-vous de la véritable faim?

— On ne la connaît pas seulement dans le désert ; on la connaît lorsqu'on n'a plus un sou vaillant pour acheter un bout de pain, poursuit le mendiant. Tu as beau pleurer, mendier, il est des jours où aucun cœur ne s'ouvre — où aucune bourse ne s'entr'ouvre! On te chasse de partout — et le soir tu te couches le ventre creux. Vous ne savez pas vraiment ce que c'est que la faim. Je ne parle pas d'appétit, d'envie de manger, mais de faim véritable

— Tu as raison, dit le saltimbanque, qui lui aussi savait ce qu'est la faim. Prenant place entre le mendiant et le chamelier, il étendit ses bras sur les épaules de ses deux confrères de misère, et entreprit de leur changer les idées en leur parlant de la belle et sage Jasmina.

LA BELLE JASMINA

Un jour, un puissant sultan convoqua son vizir et lui exprima le désir suivant :

— Je veux que tu me fasses confectionner un nouveau sceau. Seulement, il faut que la devise qu'il portera soit bien spéciale, il faut que lorsque je la lirai elle ne suscite en moi ni joie, ni colère. Et je souhaite que ce sceau soit prêt dans un mois au plus tard.

Pauvre vizir! Des jours entiers il erra d'une maison à l'autre ; mais dans la ville il ne trouva personne qui puisse trouver une telle devise. Il ne lui restait plus qu'à aller s'informer dans les campagnes.

Là, il eut plus de chance. Il arriva dans une demeure habitée par le plus important personnage du village, le cheik, dont la fille, Jasmina, était réputée pour sa grande intelligence. Le cheik et sa fille reçurent comme il convenait le grand vizir. Au moment du café, ce dernier leur exposa le but de sa visite.

— Noble seigneur, je connais des énigmes plus difficiles que votre devise, lui dit la sage Jasmina. Que la devise écrite sur le sceau du sultan soit : « Seule la volonté d'Allah décide de nos joies et de nos peines. »

Le vizir, enchanté, remercia Jasmina et il regagna le palais du sultan.

— Vizir, présente-moi au père de cette jeune fille, je veux l'épouser, dit le sultan à son vizir, quand ce dernier lui eut dit qui avait conçu cette devise. Le vizir mena le sultan devant le père de la belle et sage Jasmina.

— Cheik des Arabes! Notre puissant sultan désire s'allier à ta famille. Il aimerait prendre pour femme ta fille, la belle et sage Jasmina.

— Je suis à tes ordres, répondit le cheik des Arabes, mais ma fille Jasmina est mon unique trésor. Donne-moi, puissant sultan, son pesant d'or, et nous signerons le contrat de mariage.

Le cheik des Arabes a reçu le pesant d'or de sa fille, le sultan a reçu la belle et sage Jasmina, et le mariage se fit.

Une fois marié, le sultan ramena la belle Jasmina en son palais. Au pied du palais coulait une rivière, où un pêcheur avait l'habitude de stationner sur la rive pour capturer du poisson. Mais un jour, en guise de poisson, il pêcha une grande et vieille bouteille.

— Donne-moi cette bouteille, pêcheur, et je te donnerai un dinar, lui dit Jasmina qui passait justement par là.

— Je ne veux pas de dinar. Permets-moi seulement de baiser le coin de ton voile, quémanda le pêcheur.

Mais le sultan apparut de façon inattendue. Il se précipita et transperça le pêcheur d'un coup d'épée, puis jeta le corps dans la rivière.

— Et toi, va où bon te semble, loin d'ici, toi qui t'amuses avec le premier venu! s'écria-t-il à la belle et sage Jasmina.

Durant deux jours et deux nuits, elle erra à travers des paysages inconnus; enfin, la malheureuse Jasmina parvint à une ville inconnue. Épuisée de faim, de soif et de fatigue, elle s'affaissa sur la place du marché, juste devant une boutique. Elle ne pouvait aller plus loin. C'était en pleine nuit.

— Que fais-tu là, belle dame? lui demanda le marchand, venu ouvrir sa boutique, le matin suivant.

— Je suis étrangère, je ne connais personne. Et je n'ai rien mangé, ni bu depuis deux jours, répondit Jasmina, sur un ton de désespoir.

Le marchand appela son serviteur noir, et lui commanda:

— Conduis cette dame à la maison, et dis aux domestiques de lui donner à manger, autant qu'elle en voudra.

— Qui est cette étrangère? s'informa la maîtresse de maison, en voyant arriver Jasmina.

— Maîtresse, mon maître te fait dire de donner à boire et à manger à cette dame inconnue, répondit le serviteur noir.

— Mène-la au poulailler, ordonna la femme du marchand.

La pauvre Jasmina passa deux jours au poulailler, et la femme du marchand oublia complètement de lui faire porter à boire et à manger. Au bout d'un long temps, désespérée, elle se mit à jouer avec la bouteille que lui avait donnée le pêcheur; elle était la cause de son malheur présent, mais elle l'avait gardée. « Je vais voir ce que contient cette vieille bouteille. Peut-être y a-t-il au moins un peu d'eau dedans, » se dit-elle en enlevant le bouchon.

De cette bouteille miraculeuse, sortit une cuvette pour se laver les mains, une cruche d'eau et un grand plateau rempli de mets délicats. Jasmina prit la cruche à deux mains et but avidement. Puis elle se lava les mains, et mangea de bon appétit tout ce qui se trouvait sur le plateau. Quand elle eut mangé, dix esclaves blanches, castagnettes en main, sont sorties de la bouteille et se sont mises à danser. Quand la danse eut pris fin, chacune d'elles jeta aux pieds de Jasmina dix bourses pleines de pièces d'argent ; puis elles retournèrent dans la bouteille, où elles disparurent. Surprise, mais enchantée, Jasmina n'en pouvait croire ses yeux. A tout instant elle recommençait à retourner la bouteille, goulot en bas ; chaque fois en sortaient dix esclaves blanches, elles dansaient, lui jetaient des bourses de pièces d'argent et retournaient dans la bouteille. Il ne fallut pas très longtemps pour que le poulailler soit rempli d'argent, jusqu'au plafond.

Au bout de trois jours, un esclave noir vint apporter à manger aux poules. Jasmina lui cria :

– Ton maître m'avait envoyée ici pour que j'y sois nourrie, et non pour que j'y meure de faim!

– Madame, mon maître croit que l'on t'a donné à manger à ta suffisance, et qu'il y a longtemps que tu es partie, lui répondit l'esclave noir, confus. Et il alla aussitôt chercher son maître, le marchand.

Ce dernier se fâcha : – Pourquoi n'as-tu pas donné à manger à cette dame? gronda-t-il sa femme, en lui envoyant quelques coups de bâton. Puis il prit un quignon de pain et est allé le porter à Jasmina :

– Prends ce pain, belle dame, et mange, lui dit-il.

– Je te remercie de ton amabilité, mais je voudrais te prier de me rendre un grand service, lui répondit-elle.

– Parle. Je t'écoute, dit-il aimablement.

– Toutes ces bourses pleines d'argent seront à toi, si tu me fais bâtir un palais magnifique dans la banlieue de ta ville, un palais plus beau que celui du sultan lui-même. Toutes les chambres en seront luxueusement meublées. Quand il sera terminé, tu engageras des serviteurs, mais il faut que ce soient des Noirs, qui ne se connaissent pas les uns les autres et qui ne parlent pas l'arabe.

Il n'a pas fallu très longtemps au marchand pour organiser tout ce que voulait Jasmina. Elle lui paya ce qu'elle lui avait promis, elle s'acheta des vêtements royaux, et prit place sur un trône, dans l'un des salons superbes.

Mais le sultan regrettait Jasmina. Un beau jour il partit à sa recherche, avec son vizir. Ils voyagèrent à travers de nombreuses villes, traversèrent bien des villages, avant d'arriver en cette ville où se dressait le palais de Jasmina, au milieu de magnifiques jardins, un peu en dehors de la cité.

– Mais ce palais est nouveau, remarqua le sultan ; et, à son vizir : – A qui appartient-il?

– Seigneur de tous les temps, je dois avouer que je l'ignore. Je vais aller le demander au portier, répond le vizir.

Mais le portier, un beau Noir, ne connaissait pas l'arabe, il ne savait dire que « chana », si bien que le vizir et le sultan n'ont rien appris de lui.

Le sultan ordonna alors à son vizir : – Pénètre dans le palais par une fenêtre de derrière, examine bien tout, et viens me raconter.

Mais, à l'intérieur du palais, les gardes noirs se sont emparés du vizir, et ils l'ont amené devant Jasmina, qui trônait dans sa grande salle, revêtue d'un manteau royal.

– Prends place, et bois un peu de café. Je veux te recevoir comme un hôte de marque, en dépit de ce que tu te sois introduit chez moi comme un voleur, par la fenêtre. Une autre fois, je te prie d'entrer par la grande porte, dit Jasmina.

Ensuite, elle renversa une bouteille, goulot vers le plancher, et au grand ahurissement et émerveillement du vizir, dix esclaves blanches en sont sorties. Ces esclaves se sont mises à danser et à chanter, et chacune d'elles, à la fin de la ronde, jeta aux pieds de Jasmina dix bourses pleines de pièces d'argent.

— Ces bourses, je te les offre, Seigneur. Tu en as besoin, puisque tu es pauvre, dit Jasmina au vizir.

Sans rien oser répondre d'autre que « merci », le vizir se retira, en emportant les bourses, et il alla rejoindre le sultan.

— Maintenant, c'est moi qui vais y aller, mais je vais entrer par la grande porte, comme il convient à un souverain, dit le sultan, après que le vizir lui eut tout raconté.

Quand Jasmina apprit l'arrivée du sultan en personne, elle se voila le visage, se leva et alla à sa rencontre.

— Sois le bienvenu chez moi, Sultan, et prends place sur le trône, lui dit-elle, et elle ajouta : — Sans doute es-tu fatigué de ton long voyage.

Elle fit apporter du café et des plateaux avec des fruits savoureux. Quand le sultan se fut rafraîchi, elle renversa sa fameuse bouteille avec le goulot sur le sol, et, à l'admiration du sultan, il en sortit dix esclaves blanches. Quand elles eurent dansé et jeté aux pieds de Jasmina les bourses pleines d'argent, le sultan, intrigué, demanda à Jasmina :

— Où as-tu acheté cette bouteille miraculeuse?

— Je ne l'ai pas achetée pour de l'argent, répondit Jasmina.

— Alors, comment l'as-tu reçue? demanda le sultan, très curieux.

— L'homme à qui appartenait la bouteille me l'a donnée pour un seul baiser, dit Jasmina.

— Moi, chère dame, je t'embrasserais au besoin dix fois, si tu me donnais cette chose miraculeuse! s'exclama le sultan, plein d'impatience.

— Toi, puissant sultan, tu voudrais embrasser une femme étrangère, et même dix fois? Et pourtant, parce qu'un malheureux pêcheur a voulu m'embrasser une seule fois, et à travers mon voile, tu l'as transpercé de ton épée et jeté à la rivière en pâture aux poissons! s'exclama Jasmina, en relevant son voile.

— Alors, c'est toi, Jasmina, ma sage et belle femme! cria le sultan tout heureux, en lui tendant les bras.

Jasmina pardonna à son époux, et dès lors ils vécurent ensemble dans le bonheur et la paix, jusqu'à ce que la mort les séparât.

Nos compères voyaient avec joie arriver le dernier jour du ramadan. Le jeûne allait finir. Le soleil se coucherait encore une fois, et quand il se lèverait, ce serait le premier jour du dixième mois de l'année lunaire, qui s'ouvrirait par la grande fête du baïram. *C'est une grande fête, un jour de joie, où l'on peut enfin oublier le jeûne, et manger et boire à satiété.*

Pour la dernière fois, ils se rassemblèrent à la tombée du jour ; leurs visages étaient déjà plus joyeux. En arrivant près des autres, le pêcheur leur dit, en se frottant les mains :

— Eh bien, mes amis, nous avons passé en bonne santé ce mois d'abstinence!

— Quand on est ensemble, on supporte mieux les épreuves, dit le berger.

— En y pensant bien, nous avons formé un bon groupe d'amis, se réjouit le scribe. Nous nous retrouverons, l'an prochain?

— Nous nous retrouverons! approuvèrent-ils d'un commun accord.

Puis ils décidèrent de prendre en commun le dernier repas du soir, de ce dernier jour de ramadan. Chacun, comme il le put, paya sa quote-part. Le scribe donna deux pièces d'argent, le savetier et le tailleur en donnèrent chacun une, certains ont donné six sous de cuivre, d'autres trois. Le mendiant n'a rien pu sortir de son escarcelle vide, pas plus que les deux saltimbanques. Personne ne le leur a reproché. D'ailleurs il y avait assez d'argent pour un bon repas qu'ils prirent ensemble à la petite auberge, devant laquelle ils avaient eu l'habitude de se réunir. C'était une petite auberge, modeste, où venaient manger les pauvres, et où l'on pouvait recevoir une tête de mouton, petite, dans du bouillon, pour un seul sou de cuivre. Ils chargèrent le soldat de commander et d'ordonnancer le menu. Il avait tant voyagé qu'il était, en ce domaine, le plus expérimenté de la bande.

Tout en mordillant sa moustache, le soldat appela le cuisinier-aubergiste.

— Pour commencer, tu nous prépareras une soupe, lui dit-il. Par exemple une soupe relevée avec de l'oignon, de l'ail, sans oublier la sauge et le fromage râpé. C'est une soupe à l'italienne.

— A votre service, dit le cuisinier en s'inclinant.

— Après le potage, réfléchit le soldat à haute voix, je conseillerais un buisson d'écrevisses. Avec une sauce à la crème. Un vrai délice. C'est un plat français.

— A votre service, dit encore le cuisinier en s'inclinant, bien qu'il n'eût pas la moindre idée de l'endroit où il pouvait se procurer des écrevisses. Je leur donnerai du crabe, pensa-t-il, avec une sauce bien épicée ; ils n'y verront rien.

— Ensuite, poursuivit le soldat, je propose du poulet au riz, avec une garniture de fruits. Cela, c'est un plat japonais.

— A votre service, répondit le cuisinier en s'inclinant.

— Puis, bien sûr, il nous faut un plat de mouton, ajouta le soldat, qui ne pouvait se rappeler d'autre mets de cuisine étrangère. Je serais pour du mouton rôti, garni d'oignon émincé, de raisins secs, et saupoudré de cannelle et de sucre, pour glacer la surface du rôti.

— A votre service. Il y aura une belle croûte dorée. En ce qui concerne le mouton, le cuisinier se sentait déjà plus à l'aise.

— Pour finir, cela est évident, nous aurons du couscous. Puis des gâteaux assortis, pour terminer.

— Et du café, ou bien du thé? s'enquit l'aubergiste.

— Les deux! se fâcha le soldat, outré d'une telle question. Et dépêche-toi!

Le cuisinier rentra en hâte auprès de ses fourneaux, et bientôt on entendit hacher l'oignon; des effluves appétissants se répandirent autour de nos amis.

Mais en attendant le coucher du soleil, le temps allait leur sembler d'autant plus long! Le soldat s'adressa alors au conteur :

— Encore une histoire, ami comédien: ne te fais pas prier, c'est la dernière!

Le conteur ne s'est pas fait prier. Un petit vent tiède soufflait agréablement, venant du Nil tout proche, le soleil descendait de plus en plus bas, et lui, il choisit sa plus belle histoire pour réjouir une dernière fois son auditoire.

LE CALIFE TRISTE ET LE GAI FORGERON

LE CALIFE TRISTE ET LE GAI FORGERON

Le calife Harun al-Rachid se tenait sur son trône, mélancoliquement assis ; il avait l'habitude d'y rester des heures durant ; déjà la nuit tombait sur son empire, sur la ville de Bagdad et sur le palais du calife ; Harun al-Rachid restait assis sur son trône enveloppé de nuit ; il n'avait pas envie d'aller dormir et réfléchissait sur lui-même, sur son califat, sur son règne, sur toute cette vie dans laquelle il se sentait triste, abandonné. Il ne se sentait pas bien, rien ne le réjouissait et il était, comme toujours, de fort mauvaise humeur. Il finit par se décider à aller faire un tour en ville. Pour ne pas être obligé de se faire accompagner de sa suite habituelle, gardes, joueurs de fifre, courtisans et bourreaux — comme il convient à la dignité d'un calife se promenant dans les rues de Bagdad — il se déguisa en marchand, puis se faufila dehors par une porte dérobée.

La nuit était tiède, et déjà tout Bagdad dormait. Les marchands dormaient, les tailleurs dormaient, les bergers et les cuisiniers, les savants et les idiots, les riches et les mendiants dormaient ; les juges et les voleurs, les vieilles femmes et les jeunes gens, les enfants sages et les enfants méchants, tous dormaient, partout, sur des matelas ou sur des nattes, en chemise de soie brodée ou de toile brute. Le calife Harun al-Rachid allait toujours errant, en enviant le peuple de Bagdad endormi tranquillement. Combien il enviait ces gens-là!

Il allait toujours par les rues endormies, quand il vit soudain une fenêtre éclairée. De cette fenêtre, sortaient les échos d'une joyeuse chanson. C'était une voix d'homme. Quelque insouciant chantait là, derrière cette fenêtre ; et peut lui importait que le calife en personne traînât dans cette rue, désolé et triste. Harun al-Rachid l'enviait beaucoup. Il lui vint à l'idée de frapper à sa porte, de lui parler, de s'en faire un ami, pour tenter de se faire offrir, ou bien vendre, ne fût-ce qu'un tout petit peu, de sa bonne humeur.

Il frappa à la porte du chanteur. Ce dernier lui ouvrit. C'était une force de la nature, il était grand et fort, avec des mains comme des pelles, des muscles comme des rochers et des épaules très larges.

— Bonsoir, lui dit Harun al-Rachid, déguisé en marchand. Puis-je entrer un moment, et parler un peu avec toi?

— Ma foi, tu peux. Mais qui donc es-tu? lui demande l'homme.

— Je suis un pauvre marchand ambulant, explique Harun al-Rachid, j'errais dans les rues désertes de cette ville, et je me sentais bien seul, bien abandonné. Permets-tu que je m'assoie un moment chez toi?

— Assieds-toi, si tu veux. Il y a de la place, ici.

Harun al-Rachid s'est assis et a regardé autour de lui. C'était une petite chambre modeste, ordinaire. Pas de tapis, pas de coffre, ni d'étagères, ni de vitrines, point de vase de jade, point de vaisselle d'or, ni d'argent. Il n'y avait qu'une table basse, au centre, et on s'asseyait par terre autour d'elle, tout simplement.

Mais, sur la table, brûlait un cierge et sur un plat de terre de la viande rôtie embaumait, tandis que sur un plat de bois étaient posés des fruits jaunes et rouges ; un plat d'étain était garni de gâteaux aux amandes et au miel, et le tout entourait un cruchon de vin. L'homme se versa une bonne rasade, la but, puis il mangea un peu et se remit à boire ; il se régalait devant le calife qu'il prenait pour un marchand. Il était aisé de voir que cet homme là se trouvait admirablement bien dans sa peau.

Harun al-Rachid enviait de plus en plus cet homme heureux. Il le questionna :

— Puis-je te demander qui tu es, comment tu vis, et quelle est ta fortune?

— Tu peux me le demander, marchand, répondit l'autre. Je m'appelle Bassim, et je suis forgeron. Je suis assez solide, comme tu peux le voir. Personne encore ne m'a vaincu à la lutte. Quel est mon bien? Je ne possède rien. La propriété ne vous apporte que des soucis. Comment je vis? D'une façon qui me satisfait. Je suis très content de mon sort. Je me lève tôt, et je travaille toute la journée chez mon maître. Le soir, il me paie cinq écus d'argent pour mon travail. En rentrant chez moi, j'achète sur mon chemin, d'abord un cierge ; pour le deuxième écu d'argent je me procure de la viande, pour le troisième un cruchon de vin, pour le quatrième des fruits, et pour le cinquième des gâteaux et autres friandises. Arrivé à la maison, j'allume mon cierge, je m'assieds par terre, devant ma table, je me mets à manger, boire et chanter, et encore manger, boire et chanter, tant que je n'ai pas mangé et bu toute ma provision. Je me sens admirablement bien, je suis content et satisfait de mon sort. Le matin venu, je me lève et recommence ma journée de travail. Et c'est ainsi chaque jour. Jamais encore il ne m'est arrivé d'être de mauvaise humeur. Et toi, marchand, vis-tu d'une autre manière?

— Oui, je vis tout autrement, répondit Harun al-Rachid d'un ton lugubre.

— Tu as bien tort, remarqua le forgeron. Mais qu'est-ce qui t'a amené chez moi?

— Je voulais savoir pourquoi tu es gai.

— Et toi, tu n'es pas gai? s'étonna le forgeron.

— Non, soupira Harun al-Rachid. Il demanda au forgeron Bassim : — Tu ne me vendrais pas un peu de ta bonne humeur?

— Cela ne se vend pas, marchand, dit Bassim en éclatant de rire. La bonne humeur, chacun se la forge soi-même. Et la mauvaise aussi, d'ailleurs. Mais cesse donc de te lamenter, marchand. Poursuis plutôt ton chemin. Allez, va!

Bassim cessa dès lors de prêter attention à son hôte. Il mangeait, buvait, de temps à autre il s'essuyait la moustache, lançait un petit couplet, puis se remettait à boire et à manger. Il était en pleine euphorie.

Morose, renfrogné et vexé, Harun al-Rachid retourna en son palais. Il se déshabilla, se coucha, mais ne put trouver le sommeil. Il ne faisait que soupirer et bâiller. Il ne pensait qu'à une chose : comment gâter la bonne humeur de cet impudent forgeron? Mais interdire la bonne humeur est plutôt difficile, même pour un calife. Harun al-Rachid cherchait, cherchait, quand enfin, au petit matin, il crut avoir trouvé.

Il fit réveiller son vizir et lui ordonna d'un ton bourru :

– Que les crieurs publics annoncent tout de suite dans la ville que tous les forgerons doivent fermer leurs ateliers durant trois jours. Interdiction absolue de travailler dans les forges durant trois jours! Tout contrevenant à cette défense sera livré au bourreau. Telle est ma volonté. Elle est sans appel! Va!

Le vizir n'hésita pas : la fonction de vizir est d'exécuter les ordres du calife. Il envoya aussitôt les crieurs publics dans la ville, par les rues et les marchés, afin que nul n'ignore de la volonté du calife.

Le forgeron Bassim arriva, comme tous les matins, à son atelier. Étonné, il vit le patron assis sur un banc, devant la porte. Ce dernier lui dit :

– Rentre chez toi, Bassim. Et ne reviens qu'après-après-demain. Il nous est interdit de travailler durant trois jours. Le calife en a décidé ainsi.

– Voilà une stupide décision! s'exclama Bassim, furieux. Et moi, où vais-je aller chercher mes cinq pièces? Ce soir, je vais avoir faim!

– Difficile de te dire comment tu vas faire, dit le maître-forgeron. Après-après-demain. D'ici là, tu n'as qu'à jeûner!

Bassim a donc fait demi-tour. Il errait sans but dans les rues de Bagdad, se demandant comment il allait se procurer les cinq pièces d'argent nécessaires à son bonheur. Commençant à être las de tant marcher, il s'arrêta, s'appuyant contre le mur d'une maison. Le front plissé, il se caressait la barbe, se demandant où et comment il allait se procurer l'argent.

Cette maison était celle du juge de Bagdad. Une femme se préparait à y entrer, quand elle remarqua Bassim, qui restait là, pensif, à se caresser la barbe en plissant le front. Elle se dit que ce devait être un clerc qui réfléchissait sur la justice éternelle et sur les vérités du Coran. Elle s'approcha poliment de Bassim et, timidement, le tira par la manche pour attirer son attention.

– Honoré seigneur, lui dit-elle, tu es juge?

– Qu'est-ce que cela peut te faire? rétorque Bassim, car il n'était pas d'humeur à bavarder.

Ne te fâche pas, seigneur, s'excuse la femme. Mais si tu es juge, je viens demander ton aide. Je te paierai honnêtement.

– Tu paieras? Alors Bassim se réveille ; il se sentit d'humeur à bavarder. Combien paieras-tu?

Deux écus d'argent, dit la femme, en lui montrant les pièces qu'elle avait dénouées de son fichu. Brillantes, toutes neuves! Avec cela, on pouvait s'acheter un cierge et un demi-gigot d'agneau rôti. Déjà Bassim tendait la main vers les pièces séduisantes, mais il s'arrêta brusquement.

– Je ne suis pas juge, reconnut-il, car il s'était soudain rendu compte que pour se faire passer pour juge, un fonctionnaire officiel du calife, il fallait y réfléchir à deux fois! Cela présageait des bastonnades et un emprisonnement!

– C'est dommage, dit la femme. Tu as un air si savant. Et elle remit ses pièces d'argent dans son fichu, elle noua son fichu aux quatre coins, et devant les yeux de Bassim la vision d'un gigot d'agneau se dissipa, comme de la vapeur.

– Je suis juge-assistant, cria vite Bassim, pour ressusciter l'image du gigot.

– Peut-être cela suffirait-il, dit la femme, en redénouant un coin du fichu.

– Pourquoi cela ne suffirait-il pas, assura Bassim. Un assistant est presque un juge. De quoi s'agit-il?

– Il s'agit d'une dette, expliqua la femme.

– Tu dois quelque chose à quelqu'un? Bah, c'est sans importance. Pour deux pièces d'argent j'arrange ton affaire, et ton créancier te paiera même quelque chose. C'est comme cela qu'il en va d'habitude chez le juge, non?

– Mais je ne dois rien à personne, se défendit la femme. C'est mon voisin qui est mon débiteur! Il me doit cinq écus d'or!

– C'est ton voisin qui te doit, à toi? Alors c'est encore plus facile! s'exclama Bassim. Qui est ton voisin?

– C'est un cordonnier, dit la femme. Sa boutique est sur la place du marché.

– Donne les pièces d'argent, dit Bassim en tendant sa main ouverte, et nous allons régler ton affaire.

Le cordonnier était un petit homme maigre. Il était assis sur un billot et réparait une chaussure.

– Cache-toi dans un coin, ordonna Bassim à la femme. Je vais lui faire rendre ce qu'il te doit, et je te l'apporterai.

Il alla alors se placer devant le cordonnier, retroussa ses manches, se pencha, prit dans ses énormes mains le billot sur lequel était assis le savetier dessus, et souleva le tout au-dessus de sa tête. Le cordonnier glapit de terreur, tremblant de tout son corps.

Après l'avoir effrayé, Bassim reposa sur le sol le billot et le savetier, puis il lui dit :

– Je suis assistant du juge, et toi, tu dois cinq écus d'or à ta voisine. Si tu ne paies pas immédiatement, je t'emmène et te fait jeter dans la prison du calife.

– Pitié, noble seigneur! implora le cordonnier. Je ne possède pas cinq écus d'or!

– Et combien possèdes-tu? demanda Bassim sur un ton sévère.

– En rassemblant tout, je pourrais avoir trois pièces d'argent, se plaignit le cordonnier. Il sortit de sous sa chemise son pauvre porte-monnaie, et en montra le contenu à Bassim. Les pièces étaient neuves, brillantes ; avec ça, on pouvait s'acheter une corbeille de fruits, un cruchon de vin pansu, quelques gâteaux aux raisins secs et une poignée d'amandes.

– Elles sont jolies, tes pièces, dit Bassim d'un ton approbateur, tout en comptant aisément que deux et trois font cinq, justement les cinq pièces dont il avait besoin pour être heureux sur terre, le soir venu.

– Prends-les, seigneur, pleura le cordonnier. Par Allah miséricordieux, prends-les et oublie que nous avons eu ensemble cet entretien. Et il pressa les pièces d'argent dans la main de Bassim.

– Qu'à cela ne tienne, cordonnier. Je vais m'efforcer de t'oublier. Quant à toi, oublie-moi, de ton côté, répondit Bassim, plein de bienveillance.

Et le cordonnier se confondit en remerciements, tandis que Bassim s'éloigne au plus vite.

Cachée dans le coin, la femme attend et attend. Puis cette longue attente commença à l'étonner et à l'inquiéter ; elle tendit le cou pour regarder vers l'échoppe du cordonnier, et elle constata que l'assistant-juge avait disparu. Elle le rechercha sur le marché, elle le chercha par toute la ville, jusqu'au soir, pour qu'il lui rende son argent, mais c'est en vain qu'elle s'épuisa à cette recherche.

De toute façon, il y avait à ce moment-là longtemps que Bassim n'avait plus l'argent, ni celui de la femme, ni celui du cordonnier. Il avait acheté son cierge, la viande, le vin, les fruits et les gâteaux, puis il était rentré chez lui. Il a d'abord allumé son cierge, puis s'est assis par terre, devant sa table, pour se mettre joyeusement à boire et à manger.

Pendant ce temps-là, en son palais de calife, Harun al-Rachid se déguisait en marchand, et se réjouissait d'avance d'aller surprendre Bassim se serrant la ceinture, dans le noir, et sûrement de mauvaise humeur, cette fois. Il est sorti de son palais par la petite porte dérobée, et s'est hâté de se diriger vers le logement de Bassim. Il voit déjà de loin que la fenêtre est éclairée. En s'approchant, il entend l'écho d'un chant joyeux. Il entre, et Bassim le salue cordialement, d'excellente humeur.

— Entre, marchand. Entre et assieds-toi. Ce soir, je suis tout particulièrement de bonne humeur!

— Tu t'es acheté de quoi boire et manger? s'étonne Harun al-Rachid, ouvrant de grands yeux sur ce qui s'étale sur la table.

— Oui, bien sûr. Comme d'habitude, répond le forgeron.

— Pour cinq pièces d'argent? insiste Harun al-Rachid.

— Oui, comme d'habitude.

— Tu les a gagnées à ton atelier? s'enquiert Harun al-Rachid, soupçonnant que son ordre de calife n'avait pas été respecté. Il se disait déjà qu'il allait faire donner au bourreau le maître de Bassim.

— Non, pas à l'atelier, dit Bassim en effaçant la supposition d'un geste de la main. Imagine-toi, marchand, que cet âne d'Harun al-Rachid a ordonné à tous les forgerons de ne pas toucher à leur travail durant trois jours! As-tu déjà entendu chose aussi stupide? Il doit être devenu fou. Mais je me suis tiré d'affaire, marchand. Le calife ne gâtera pas ma bonne humeur!

Et avec de grands éclats de rire Bassim raconte comment il s'est procuré l'argent.

— Mais c'est un vol! s'indigne Harun al-Rachid.

— Qu'est-ce qui est un vol? demande Bassim en riant plus fort.

— De t'être fait passer pour un adjoint au juge, dit Harun al-Rachid, de plus en plus irrité.

— Et si tu veux le savoir, j'en ferai autant demain! Dès le matin je me présenterai au domicile du juge de Bagdad, et j'y entrerai en service, renchérit Bassim, en pouffant de rire. Le cordonnier ne mourra pas de faim pour ces pauvres trois pièces, ne t'en fais pas pour lui. Il y a sur cette terre des vols bien plus graves. Est-ce que tu sais que tout forgeron qui n'obéirait pas à la stupide injonction du calife serait livré au bourreau? D'après toi, n'est-ce pas une injustice?

— Ne parle pas du calife, dit Harun al-Rachid, esquivant une réponse. Il avait un peu honte.

— Tu as raison. Approche, et bois un coup, marchand, invite Bassim, en lui tendant une coupe pleine de vin.

— Est-ce que tu ignores que le prophète Mahomet interdit de boire du vin? demande Harun al-Rachid, sur un ton de reproche.

— Le prophète dort, à cette heure-ci. Et je n'irai pas le raconter sur tous les toits. Bois, insiste Bassim.

— Je ne veux pas, refuse encore Harun al-Rachid.

— Alors, au moins, chantons ensemble! décide Bassim.

— Non. Je n'ai pas envie de chanter, coupe Harun al-Rachid.

— Mais alors, qu'est-ce que tu viens faire chez moi? Va plutôt au cimetière! Tu es lugubre, ma parole. Tu ne me plais pas, marchand, va-t'en, dit Bassim, agacé, en faisant son geste habituel de balayer.

— Seulement voilà, toi, tu me plais, forgeron! soupire Harun al-Rachid. Dis-moi, tu ne me vendrais pas un tout petit peu de ta bonne humeur?

— Et combien paierais-tu pour ça? demande Bassim, en se moquant.

Harun al-Rachid a déjà sur le bout de la langue que pour un peu de bonne humeur, il donnerait volontiers de pleins coffres de ses bijoux inutiles, et sept cours de son califat, et sept jardins, qu'il irait même jusqu'à faire du forgeron son grand vizir ; en effet, il y a toutes sortes de vizirs, de par le monde, mais il est bien difficile de trouver un vizir qui donnât quelque bonne humeur à son calife. Mais Harun al-Rachid se souvient à temps que pour Bassim, il n'est qu'un pauvre marchand, et il répond :

— Je te donnerais bien un sac de noix. Ou de la soie pour un nouveau turban.

— Tu es vraiment trop bête, marchand! s'exclame notre forgeron, outré. Est-ce qu'on peut s'acheter de la bonne humeur, maintenant? As-tu déjà vu ça? De la bonne humeur contre un sac de noix? Même pour un sac de diamants, tu n'achèterais pas de la joie! Jamais, nulle part tu n'en trouveras. Car tu es triste comme un jour sans pain, marchand! Allez, je te le répète, va! Va-t'en, tu finis par m'agacer! Va à tes tristes affaires, où tu veux, mais va!

Déçu et furieux, Harun al-Rachid s'en retourne en son palais de calife. Et une fois de plus, jusqu'à l'aube, il se retourne sur sa couche, sans trouver le sommeil, réfléchissant au moyen de gâter l'inébranlable bonne humeur de ce forgeron.

Au petit matin, il fait réveiller le juge de Bagdad et lui ordonne :

— Veille personnellement à l'arrivée de tes assistants, quand ils se présenteront à ton service. S'il s'en présentait un nouveau, et surtout si ce nouveau était fort comme une montagne, avec des mains comme des pelles, fais-le fouetter et jeter dehors. Telle est ma volonté, et elle est sans appel! Va!

Le juge n'a pas pipé mot, car obéir aux injonctions du calife est la fonction d'un juge. Rentré chez lui, il a convoqué aussitôt les assistants qui s'étaient présentés ce jour-là. Il les connaissait tous depuis longtemps, sauf un nouveau. Ce nouveau était fort comme une montagne et il avait des mains comme des pelles. Le juge n'a pas hésité. Il a fait un signe à ses valets, les valets se sont rués en nombre sur Bassim, deux lui tenant les jambes, quatre lui serrant les bras ; un s'est assis sur sa tête pour la maintenir, et un dernier le cingla à coups de cravache sifflante. Puis, quand il fut bien battu, ils l'ont transporté devant la maison et l'ont jeté dans la poussière. Le juge est sorti sur le seuil, et a crié à Bassim :

— Si tu te montres encore ici, je te ferai battre à nouveau! C'est le désir du calife!

— Quelle injustice que ce désir du calife! lance Bassim en se relevant, tout meurtri. Et il s'en retourne, poussiéreux, pour aller se coucher et se reposer chez lui. Vers midi il se sent mieux ; il a moins mal, il se lève, se lave, et commence à réfléchir sur le moyen de se procurer les cinq pièces d'argent nécessaires pour ne pas endurer la faim, le soir venu.

« Il me faut absolument aller en ville, » se dit-il. « Mais, pour plus de sécurité, il vaut mieux m'armer, pour ne pas courir le risque d'une nouvelle bastonnade. »

S'armer, oui, mais avec quoi? Naturellement Bassim n'avait pas la moindre arme chez lui. Il n'avait qu'un vieux fourreau de l'armée, avec un sabre dedans, mais un sabre de bois. Un jouet d'enfant.

« Mieux vaut un sabre de bois que rien du tout, » se dit Bassim. Il passa cette arme à sa ceinture et se mit en route pour aller en ville.

Errant par les rues, il remarque, sur le marché, deux pâtissiers en train de se battre. Comme Bassim aime la bagarre, il s'approche d'eux, les sépare et leur propose :

— Essayez avec moi! Je vous bats tous les deux ensemble!

Mais les deux pâtissiers, les yeux fixés sur la vieille arme militaire suspendue à la ceinture de Bassim, se sont dit que dans le fourreau il devait y avoir une épée tranchante, que l'homme devait sûrement être un garde du calife et que se battre avec un garde du calife était pure folie. Nos deux pâtissiers se voyaient déjà fourrés au cachot.

— Pitié, puissant seigneur, implore le premier pâtissier.

— Ne nous emmène pas au cachot! ajoute le deuxième.

— Pourquoi vous emmènerais-je au cachot? demande Bassim en riant.

— Tu ris, toi, puissant seigneur, mais nous, nous ne sommes que de pauvres pâtissiers, sanglote le premier.

— Et toi, tu es un garde du calife, cela se voit du premier coup d'œil, ajoute le deuxième en s'inclinant jusqu'à terre devant Bassim.

— A quoi cela se voit-il? s'étonne Bassim.

— A l'épée! explique le premier qui s'incline encore plus bas devant Bassim. Pardonne-nous, si nous nous sommes battus! Ne nous punis pas pour cela!

— Nous paierons ce qu'il faut, ajoute vite le deuxième.

— Vous paierez? dit Bassim évidemment très intéressé. Et combien paierez-vous?

– Moi, je te donnerai trois écus d'argent, dit le premier qui a déjà sorti les pièces et les glisse dans la main de Bassim.

– Moi aussi, je t'en donnerai trois, s'empresse de dire le deuxième, tout en fourrant les jolies pièces rondes et brillantes dans la paume restée ouverte de notre forgeron.

Bassim a vite calculé que trois et trois font six. Il leur a dit :

– Je vous pardonne. Mais cinq écus suffiront. Partagez-vous celui qui reste.

Et il leur a rendu la sixième pièce d'argent ; puis, l'air digne, il s'est éloigné en leur faisant un signe de la main droite, tandis qu'il tenait posée sur la garde de son épée sa main gauche, ainsi que le font les gardes du calife.

Il est alors allé acheter ce dont il avait besoin pour sa soirée. La nuit tombée, il s'assit, fort satisfait de l'existence, devant sa table où brûlait le cierge, où la viande rôtie dégageait un parfum appétissant, où rougissaient de beaux fruits et brillaient, tout dorés, les gâteaux au beurre. La lumière jouait sur les flancs du cruchon de vin et, entre tous les mortels heureux sur cette terre, le plus satisfait de tous était bien notre forgeron Bassim.

Et, bien entendu, pendant ce temps-là, Harun al-Rachid se hâtait, par les rues sombres, d'aller jouir du spectacle du forgeron malheureux, faute d'avoir de quoi boire, manger et s'éclairer.

– Sois le bienvenu, marchand. Entre donc! le salue le forgeron, qui l'invite à prendre place à table.

Harun al-Rachid, en voyant la table, se mord les lèvres de dépit.

– Tu as encore gagné, forgeron?

– J'ai encore gagné, marchand, dit Bassim dans un gros rire. Le forgeron Bassim, l'emporte même sur le calife! Et il raconte l'histoire de la bagarre, de l'épée de bois, et comment il a encore gagné de quoi satisfaire son appétit et sa soif.

Harun al-Rachid commence à comprendre que rien ne pourra abattre ce forgeron. Bassim est plus fort que le calife lui-même. Pourtant il décide d'essayer encore une fois de le mettre à l'épreuve.

– Et cela te plairait, d'être garde du calife? demande-t-il à Bassim.

– Et comment! Cela me plairait! s'exclame Bassim dans un tel éclat de rire que le cruchon de vin en tremble, sur la table. Demain, j'irai me présenter, avec mon épée de bois, tout droit au palais, pour y entrer en service. Le calife m'attend avec impatience! Tu ne me crois pas? Ah! Ah!

– Mais si, je te crois, dit Harun al-Rachid, qui esquissa de son côté un sourire. Il sentait soudain qu'il n'était plus d'humeur si morose, que cette fois, qui sait, peut-être allait-il s'endormir, cette nuit-là.

Et en effet, rentré chez lui, le calife s'est endormi aisément, d'un profond sommeil. Il a eu un rêve. Il s'est vu en soldat de la garde du calife, portant au côté une épée de massepain, et tirant la langue au calife, quand il l'eut rencontré. Il y avait bien longtemps que Harun al-Rachid n'avait fait un si beau rêve.

Quand il s'est réveillé, le matin, les gardes s'étaient déjà rangés dans la cour du palais. Au bout du rang se tenait, dépassant les autres, Bassim, ceint de la vieille arme d'armée ; mais, seul Harun al-Rachid le savait, il n'y avait dans le fourreau qu'une épée de bois. Le calife descendit dans la cour, entre la rangée de courtisans qui s'inclinaient sur son passage, mais il s'arrêta à l'ombre des arcades pour ne pas se faire reconnaître du forgeron. Et, de sa voix de calife, il lança l'appel :

– Tous mes gardes sont présents?

– Tous! entendit-on retentir de la cour.

– Le nouveau garde Bassim est-il ici aussi? appela de nouveau le calife.

– Présent! répondit Bassim d'une voix quelque peu incertaine, car il était bien étonné de constater que le calife le connaissait, et qu'il savait qu'il serait là.

– Je vais t'examiner, Bassim, s'écria Harun al-Rachid d'une voix retentissante. As-tu bien affûté ton épée?

– Oui, je l'ai aiguisée, répondit Bassim d'une voix de plus en plus incertaine.

– C'est tout à ton honneur, le félicita Harun al-Rachid, qui cette fois devait faire un grand effort pour ne pas éclater de rire. Au sous-sol, dans mes prisons, il y a un criminel condamné à mort. On va t'y conduire, et tu lui trancheras la tête avec ton épée. Tu as compris?

– J'ai compris, répondit Bassim, mais sa voix tremblait carrément, et il sentait que, cette fois, cela allait tourner mal. Avec une épée de bois, on peut tout au plus trancher une portion de gâteau. Pas une tête! Que faire, maintenant?

– Alors, à l'œuvre! ordonna Harun al-Rachid.

On a amené le prisonnier, le prisonnier a penché la tête. Bassim, dressé devant lui, se grattait l'oreille.

Mais il eut une idée. Il a souri dans sa barbe, et d'une voix terrible, il a demandé au condamné :

– N'es-tu pas innocent, mon frère?

– Je suis innocent! jura le criminel.

– C'est ce que nous allons voir! cria encore Bassim. Mon arme est une épée miraculeuse. Je vais la sortir du fourreau. Si tu es coupable, ce sera une épée comme toutes les épées. En acier trempé, et bien affûtée. Mais si tu es innocent, mon épée se changera dans son fourreau, et elle sera de bois. C'est le jugement d'Allah!